Berthold Michael

Über die Ausdehnung der Thätigkeit der Sparkassen, insbesondere die Pflege des Checkverkehrs durch dieselben

Berthold Michael

Über die Ausdehnung der Thätigkeit der Sparkassen, insbesondere die Pflege des Checkverkehrs durch dieselben

ISBN/EAN: 9783743618763

Hergestellt in Europa, USA, Kanada, Australien, Japan

Cover: Foto ©Suzi / pixelio.de

Manufactured and distributed by brebook publishing software (www.brebook.com)

Berthold Michael

Über die Ausdehnung der Thätigkeit der Sparkassen, insbesondere die Pflege des Checkverkehrs durch dieselben

Ueber die
Ausdehnung der Thätigkeit der Sparkassen,
insbesondere
die Pflege des Checkverkehrs durch dieselben.

INAUGURAL-DISSERTATION

verfasst und

der Hohen philosophischen Facultät

der

Ruprecht-Carls-Universität zu Heidelberg

zur Erlangung der Doctorwürde

vorgelegt

von

Berthold Michael
aus Berlin.

Berlin.
Druck von Leonhard Simion.

Inhaltsangabe.

		Seite
I.	Unvollkommenheiten der Sparkassen. Vorgeschlagene Reformen	1
II.	Wesen des Checkverkehrs und seine bisherige Entwicklung in Deutschland	18
III.	Gründe für und gegen die Einführung des Checkverkehrs bei den Sparkassen	28
IV.	Durchführung des Checkverkehrs im Einzelnen	60
V.	Anlage der aus dem Checkverkehr den Sparkassen zufliefsenden Kapitalien	72

I.
Unvollkommenheiten der Sparkassen. Vorgeschlagene Reformen.

Wie in einem Lande mit wirtschaftlich leistungsfähigeren unteren und mittleren Bevölkerungsklassen das Sparkassenwesen naturgemäfs einer immer gröfseren Vervollkommnung entgegengeht, so trägt andererseits auch eine Vermehrung der Spargelegenheiten und damit eine Anregung des Spartriebs dazu bei, die ökonomischen Kräfte der Bevölkerung zu verstärken, den Wohlstand der Nation zu vermehren. Ursache und Wirkung verflechten sich auch hier wie so oft in volkswirtschaftlichen Dingen. Ein noch so gut organisiertes Sparkassenwesen in einem Staat mit einer wenig erwerbskräftigen Bevölkerung wird niemals grofse Erfolge aufzuweisen haben. Ist dagegen die Voraussetzung einer über die notwendige Konsumtion hinausgehenden Erwerbsfähigkeit vorhanden, besteht bereits die Neigung zur Fürsorge für die Zukunft bei den unteren und mittleren Gesellschaftsschichten, so gehört es gewifs zu den praktisch bedeutungsvollen Aufgaben der Volkswirtschaftslehre, nachzuweisen, wie man den Spartrieb noch erhöhen kann bis an die überhaupt zulässige Grenze. Es soll hier nicht die Anschauung vertreten werden, dafs nicht auch ein übertriebenes und unangebrachtes Sparen möglich wäre. Bei jedem Sparen mufs der Vorteil, auf den man verzichtet, und derjenige, den man durch diesen Verzicht erlangt, abgewogen werden. Es handelt sich darum, eine kleinere Entbehrung in der Gegenwart zu einem gröfseren Mehrgenufs in der Zukunft zu gestalten. Wo diese Voraussetzung fehlt, ist die Ersparung unökonomisch.[1]) Aber die Fälle sind in der That sehr häufig, selbst wenn bescheidene Mittel im ganzen zur Verfügung stehen, in denen durch einen Verzicht auf einen verhältnismäfsig nutzlosen Gebrauch eine Fürsorge für das Notwendige in der Zukunft getroffen werden kann. Es gilt, für solche Fälle die vernünftigen Bestrebungen zu unterstützen, indem man Gelegenheiten bietet, dafs das Ersparte in sicherer und zugleich einträglicher Weise bis zum künftigen Gebrauch verwahrt werde. Besonders in einer Zeit, welche in hohem Mafse erfüllt ist von dem Bestreben, den minderbegüterten Volksklassen eine mehr gesicherte materielle Existenz und damit auch eine gesteigerte Teilnahme an den höheren Gütern der Kultur zu verschaffen, ist das Sparkassenwesen einer neuen Prüfung von seiten der praktischen Fachleute wie von seiten der Theoretiker wert. Es dürfte die Frage eine Erörterung verdienen, ob die Sparkassen in ihrer überkommenen Gestalt den Anforderungen der Gegenwart gewachsen sind, oder ob nicht der Moment eingetreten ist, in welchem Reformen derselben ihre segensreichen Wirkungen noch erhöhen und sie in verstärktem Mafse für unser wirtschaftliches Leben nutzbar machen würden.

Und nicht blofs die allgemeine Vermutung, welche auf der Erfahrung beruht, dafs die wirtschaftlichen Einrichtungen sich den Zeitumständen anzupassen, mit den Entwicklungsstufen sich zu verändern und fortzuschreiten genötigt sind, macht es wahrscheinlich, dafs bei einer sorgfältigeren Prüfung an den Sparkassen zweckmäfsige Veränderungen angebracht werden können, sondern es haben sich in den letzten Jahren bestimmte Anzeichen bemerkbar gemacht, dafs dieselben in ihrer alten Gestalt mit mancherlei Unvollkommenheiten behaftet sind. Es geht offenbar durch die Kreise der Personen, deren Interessen mit dem Bestand der Sparkassen auf das nächste verbunden sind, und welche zugleich die gröfste

---

[1]) cf. A. Domela Nieuwenhuis: „Das Sparen. ein ökonomischer und socialer Grundsatz. Ein Versuch zur begrifflichen Fassung des Spargedankens an der Hand der volkswirtschaftlichen Litteratur." Halle, 1889 passim.

Kenntnis der Wirksamkeit dieser Institute besitzen, ein Gefühl des Unbehagens und der Unzufriedenheit mit den Leistungen, die von ihnen nachzuweisen sind, und ein Bestreben, durch Veränderung in den Formen und Methoden die wünschenswerte Erhöhung ihrer Wirksamkeit herbeizuführen. Es würde hier zu weit führen, die grofse Zahl von Männern namhaft zu machen, die, beständig mit der Verwaltung von Sparkassen beschäftigt, in den letzten Jahrzehnten vor die Öffentlichkeit getreten sind, um Reformen vorzuschlagen und die Unhaltbarkeit des Hergebrachten zu versichern.[1] Nur die bedeutungsvollste Thatsache soll hier angeführt werden, dafs nämlich von den deutschen Sparkassen vielfach das Bedürfnis empfunden wurde, durch einen engen Zusammenschlufs und durch einen Austausch von Erfahrungen in umfassender Weise die Vorbereitung zu einer gründlichen Reform zu treffen. Abgesehen nämlich von einer periodisch zusammentretenden Vereinigung von Einzelpersonen,[2] die sich mit dem Sparkassen-

---

[1] Vgl. z. B. die beiden Schriften „Sparkassen und Gemeindefinanzen, deren gegenwärtige und zukünftige Gestaltung und Einrichtung". Berlin 1882 und „Das Sparen und die Sparkassen. Mitteilungen und Anregungen zur Weiterentwicklung des Sparwesens als Fortsetzung zu der Schrift Sp. u. G.". Plauen 1882, deren Verfasser der Oberbürgermeister und Vorsitzende der Sparkassen-Direktion O. Kuntze zu Plauen, sowie die Schrift Spittels „Die deutschen Sparkassen" Gotha 1880. Hervorzuheben ist ferner die Thätigkeit des Bürgermeisters von Mülheim a. d. Ruhr von Bock. Zu nennen sind endlich auch der Dr. jur. Heyden, das langjährige Mitglied der Essener Sparkassenverwaltung, dessen umfassender Wirksamkeit auf dem Gebiet des Sparkassenwesens wir noch mehrfach gedenken werden, sowie die Bürgermeister Bauer von Burgstädt, Hache von Essen († 1886), Möllmann von Osnabrück und der Stadtrat Mamroth, Vorsitzender des Berliner Sparkassen-Direktoriums.

[2] Es ist dies der durch die Initiative von A. Lammers im Jahre 1882 zu Darmstadt ins Leben gerufene deutsche Sparkassentag, welcher die Aufgabe verfolgt, Anregung zu Verbesserungen im Sparkassenwesen zu geben. Über die Verhandlungen des Sparkassentages, welcher 1883 zu Dresden, 1884 zu Weimar, 1887 zu Magdeburg tagte, cf. bes. die von Lammers, dem früheren Vorsitzenden des Sparkassentages herausgegebene Zeitschrift „Nordwest" passim.

Im Jahre 1875 wurde in Paris auf Anregung von A. de Malarce, eines um das Sparkassenwesen sehr verdienten höheren französischen Beamten, zur Beförderung der Wohlfahrtseinrichtungen die in 3 Sektionen zerfallende société des institutions de prévoyance gegründet, deren dritte Abwesen aus freier Wahl beschäftigen, besteht seit einigen Jahren auch eine dauernde Verbindung unter den Sparkassen selbst, welche ebenfalls in dem allgemein herrschenden Gefühl einer Reformbedürftigkeit der Einrichtungen ihre eigentliche Wurzel hat. Dieser einheitliche deutsche Sparkassenverband ist erst im Jahre 1884 zustande gekommen und zwar ging er aus dem westdeutschen Verband hervor, welcher seinerseits im Jahre 1882 aus dem bedeutendsten der damaligen Provinzialverbände, dem rheinisch-westfälischen entstanden ist.[1]) Freilich hat trotz der auf den verschiedenen Versammlungen zum Ausdruck gekommenen Einmütigkeit in der Überzeugung von der Reformbedüftigkeit der Sparkassen dennoch die Liebe zum Hergebrachten und eine zähe Kraft des Beharrens verhindert, dafs die gehegten Absichten auch in entsprechender Weise zur

---

teilung sich mit dem Sparwesen beschäftigt. Über die Kongresse, welche der auch 500 ausländische Mitglieder zählende Verein alle 5—6 Jahre abhält (Congrès scientifique universel des institutions de prévoyance) cf. P. D. Fischer „Der internationale Kongrefs in Paris für Wohlfahrtseinrichtungen" im „Jahrbuch für Gesetzgebung, Verwaltung und Volksw." III (1879) p. 43—54, Hansen „Der zweite internat. K. f. W. in P.", Arbeiterfreund 1883 p. 409 u. ff. und Heydens Bericht in No. 182 der „Sparkasse" (1889) p. 1, 2. Schon im Jahre 1876 beschäftigte das Sparkassenwesen eine internationale Vereinigung, den statistischen, damals zu Budapest tagenden Kongrefs, welchem der Direktor des statistischen Bureaus zu Rom. Bodio in der „Statistique internationale des caisses d'épargne" Rome 1876, eine umfassende und übersichtliche Darstellung des europäischen und nordamerikanischen Sparkassenwesens vorgelegt hatte.

[1]) Die am 28. 10. 1881 erfolgte Gründung dieses Verbandes ist in der Hauptsache Heyden zuzuschreiben, welcher auch als geschäftsführendes Vorstandsmitglied die Leitung des Verbandorgans, der zweimal monatlich erscheinenden „Volkswirtschaftlichen Zeitschrift die Sparkasse" übernahm. Am Anfang des Jahres 1891 ging die Redaktion und Herausgabe des Blattes an Prof. Schaefer in Hannover über, während Dr. Heyden das von ihm beanspruchte geistige Eigentum auf die „Sparkasse" in der Weise geltend machte, dafs er unter dem etwas veränderten Titel „Das volkswirtschaftliche Finanzblatt die Sparkasse" ein mit dem Verbandsorgan in der Form vollkommen übereinstimmendes Blatt erscheinen läfst. Als drittes Organ für Sparkassenwesen ist die Wiener „Österreichisch-ungarische Sparkassen-Zeitg." zu nennen. Ihr langjähriger, im August 1890 verstorbener Redakteur Konrad Mentzel wufste sie ebenso wertvoll für unsere deutschen als für die österreichisch-ungarischen Interessen zu gestalten. Diese Zeitschrift wurde im Jahre 1876 in der Absicht begründet, „ein internationales Organ für das Sparkassenwesen" zu schaffen.

That geworden sind. Um ein wirksames Bindemittel zwischen den einzelnen Verbandsmitgliedern herzustellen, wurde z. B. im Jahre 1887 ein Syndikat begründet, dessen Leitung ebenfalls Heyden übernahm. Die Hauptaufgabe dieser Einrichtung sollte die Vermittlung des zweckmäfsigsten An- und Verkaufes von Sparkasseneffekten und die Erteilung von Rat bei Rechtsfragen bilden. Der Initiative Heydens[1]) ist auch die 1885 erfolgte Herausgabe eines „statistischen Adrefsbuches der Sparkassen Deutschlands" zu verdanken, welches zuerst ein klares übersichtliches Bild über die Lage und die Verhältnisse unserer Sparkassen gab und den einzelnen Anstalten entschieden ein Gefühl der Zusammengehörigkeit einflöfste. Eine Annäherung zwischen den Kassen war schon durch die Einführung der Übertragbarkeit der Einlagen im Jahre 1884 herbeigeführt worden, auf welche wir an späterer Stelle zurückkommen werden. Als eine weitere Reform ist auch die von der Generalversammlung des deutschen Sparkassenverbandes am 11. Oktober 1890 zu Hannover beschlossene Verlegung des Verbandsitzes von Essen nach Berlin zu betrachten. Dort soll der Verband „als eine Macht zu Gunsten des Sparkassenwesens auftreten".[2]) Endlich wurde in einer am 22. Februar 1891 zu Berlin abgehaltenen Vorstandssitzung beschlossen, der nächsten Generalversammlung eine Statutenänderung nach der Richtung hin vorzuschlagen, dafs eine fernere unmittelbare Beteiligung der einzelnen Sparkassen am Verbande ausgeschlossen sein solle, dafs diese sich vielmehr zur besseren Wahrnehmung der Provinzial- resp. Landesinteressen zu gröfseren Verbänden zusammenzuschliefsen hätten.[3])

---

[1]) Seit 1889 läfst ferner Dr. Heyden als Beilage zu seiner Zeitschrift eine Sammlung aller bisher in Deutschland ergangenen, das Sparkassenwesen betreffenden Gesetze und Verordnungen erscheinen. Diese nach Ländern geordnete Publikation umfafst bis jetzt (Mai 1891) die preufsischen, bayrischen, sächsischen, württembergischen und badischen Bestimmungen; sie erfolgte, „um das in den einzelnen deutschen Ländern bestehende Bessere, den anderen Ländern und Verbänden zur Nachahmung zugänglich zu machen und damit der allgemeinen Reform der deutschen Sparkassen die Wege zu öffnen".

[2]) Vgl. „Sparkasse" S. 369 u. ff.

[3]) Am Schlufs des Jahres 1890 zählte der Verband 169 „direkte" und 285 „indirekte" Mitglieder, welch letztere dem württembergischen, branden-

Dafs diese Empfindung von der Notwendigkeit der Reformen wachgehalten werde und dafs bestimmtere und ausführbare Vorschläge zur Entwicklung kommen, deren Verwirklichung für das Gedeihen der Sparkassen heilsam wäre, erscheint von nicht zu unterschätzender Bedeutung. In dieser Richtung einen Beitrag zu liefern, sollen die folgenden Ausführungen dienen und deshalb wird zunächst zu untersuchen sein, nach welchen verschiedenen Richtungen Reformen bei den Sparkassen überhaupt denkbar sind,[1]) um ein Urteil zu gewinnen, welche dieser Mafsnahmen sich auch als zweckmäfsig erweisen.

Nach den Äufserungen der neueren Litteratur sind hauptsächlich drei Arten von Reformen als wünschenswert empfohlen worden.[2]) Erstens wird verlangt, die Thätigkeit der Sparkassen über ihre bisherigen Grenzen auszudehnen.[3]) Als zweite Reform wird vorgeschlagen eine wirksamere Durchführung der Aufgaben, welche die Sparkassen bisher sich schon gesetzt haben, gleichsam eine gesteigerte Intensität in ihrem Betrieb, wie z. B. vermittelst Ausdehnung der Bureaustunden, Vermehrung der Niederlassungen.[4]) Empfohlen wurde in dieser Hinsicht ferner, für ganz bestimmte Zwecke

---

burgischen, schlesischen, hannoverschen, ost- und westpreufsischen Verbande angehörten. Alle diese Verbände mit Ausnahme des württembergischen waren erst im Laufe des Jahres 1890 beigetreten. cf. das Verbandsorgan 1890 pag. 366 u. 1891 No. 5 pag. 1 u. ff.

[1]) Vgl. aufser den genannten 4 Zeitschriften, welche für die Reformvorschläge reiches Material bieten, noch den Arbeiterfreund und die Socialkorrespondenz (Volkswohl) passim.

[2]) Vgl. aufser den genannten Schriften von Kuntze und Spittel auch Carl Roscher „Postsparkassen und Lokalsparkassen in Deutschland", Dresden 1885 S. 19 u. ff. Fortlaufende Berichte über die Erscheinungen, welche sich auf das Sparkassenwesen beziehen, finden sich in den Bibliographien des Arbeiterfreundes. Vgl. auch Elsters Artikel zur „neueren Sparkassen-Litteratur", welcher die Erscheinungen von 1881 bis 1884 aufführt, Jbb. f. Nat. u. Stat. X (1885) p. 46 u. ff. und dessen „Postsparkassen", Jena 1881, wo die Litteratur bis 1881 Berücksichtigung findet.

[3]) cf. Kuntze, „Sparkassen u. Gemeindefinanzen," bes. p. 116 u. ff., welcher „für gröfsere Sparkassen die Errichtung von Stadtbanken vorschlägt" und Conrad M. Mentzel „Skizzen zur Institution des Check- u. Clearing-Verkehrs bei den Privatsparkassen", Wien 1887.

[4]) Vgl. Roscher a. a. O. S. 19 21 u. Spittel a. a. O. p. 34.

und zu Rückzahlung an bestimmten Zeitpunkten Einlagen zu sammeln, direkt dort, wo Spargelder erübrigt werden könnten, Kassen zu errichten, die Ansammlung kleinerer Beträge vor allem vermittelst des Markensystems zu erleichtern, den Sparsinn durch Einziehung der Jugend in den Kreis der Einleger schon frühzeitig zu wecken u. a.[1]) Diese Bestrebungen zur Einführung von gesperrten Sparkassenbüchern, zur Errichtung von Sparvereinen, Mietzins-, Steuer-, Konfirmanden-, Aussteuer-, Alters-, Fabrik-,[2]) Pfennig-,[3]) Prämien- und Jugend[4])-Sparkassen, welche zum Teil vom Ausland angeregt worden sind, haben in Deutschland im grolsen und ganzen nicht den erwarteten Erfolg gehabt. Die Gründung von Militär- und Seemanns-Sparkassen, wie solche in England unter dem Namen „Military-savingsbanks" und „Supplementary-Seamensbanks" bestehen, scheint gar nicht vorgeschlagen zu sein.[5]) Zu erwähnen ist noch das von A. Scherl vorgeschlagene und von Männern wie Wagner und Roscher empfohlene Sparsystem, welches ganz eigenartig ist durch die Verbindung von Methoden, die einzeln zum Teil schon verwendet sind. Der erste der in diesem System entwickelten Gedanken, die menschliche Trägheit dadurch für das Sparwesen unschädlich zu machen, dafs die Einlagen von eigens dazu angestellten Beamten gegen Abgabe von Sparmarken abgeholt werden, wodurch auch den Sparkassen ein weniger kost-

---

[1]) cf. Böhmert, „Fortschritte im Sparkassenwesen," Arbeiterfreund 1883 p. 340 u. ff. sowie 417 u. ff. und Kuntzes a. a. O. erwähnte Schriften passim.

[2]) Über die Anwendung von Sparzwang für Fabrikarbeiter cf. Sparkasse No. 172 p. 2 u. 173 p. 2 und Arbeiterfreund 1890 p. 85 u. p. 107.

[3]) Bezüglich des Standes der „penny-banks", welche von W. Schwab in Darmstadt im Jahr 1880 nach Darmstadt verpflanzt wurden. cf. Thorwart's Aufsatz „Der Sparpfennig" in dem von Bernhard (Emmingbaus) herausgegebenen „Neuen Not- und Hilfsbüchlein", Lahr u. Frankfurt (1888) p. 224 u. ff.

[4]) Bezüglich des nicht ungünstigen Standes der deutschen Jugendsparkassen, zu deren Beförderung im Jahre 1880 zu Glogau vornehmlich auf Anregunguug des Pfarrers und Schulinspektors Senckel ein Verein gegründet wurde, cf. den „11. Bericht des deutschen Vereins für Jugendsparkassen über die Jahre 1889 u. 1890", Frankfurt a. O. 1891.

[5]) cf. Fischer, „Die englischen Postsparkassen," Jbl. f. Nat. u. Stat. 16 1872 p. 384 u. 385.

spieliger Betrieb zu ermöglichen wäre, ist schon 1825 beim Frankfurter Sparverein und 1867 bei der Sparabteilung der Mainzer Volksbank verwirklicht worden.[1]) Diese Idee, den Sparern viele Wege und Zeitversäumnis abzunehmen, scheint in England entstanden zu sein, wo sich nach Mitteilungen Bodio's,[2]) die Abgesandten der Sparkassen an den Zahltagen in der Nähe der Fabriken und an Markttagen auf den großen Märkten einfinden, um so den Sparlustigen bequeme Gelegenheit zur Vornahme von Einlagen zu geben. Der zweite Vorschlag Scherls geht dahin, eine Prämien-Verlosung einzuführen, wozu die Zinsen der Spareinlagen des ersten sogenannten Sammeljahres verwendet werden sollen. So soll die Spielsucht der Menschen dem Spartrieb dienstbar gemacht werden.[3]) Das Scherl'sche System, welches nach mir gewordenen mündlichen Mitteilungen vor einigen Jahren unter anderen auch dem Reichskanzler Fürst v. Bismarck vorgelegt und von diesem dem Staatssekretär im Reichspostamt überwiesen worden war, bildete nach einer Angabe in No. 216 der Schäfer'schen Zeitschrift vor kurzem den Gegenstand einer eingehenden Beratung von seiten des Vorstandes des deutschen Sparkassenverbandes. Das Resultat derselben war ein dem Plan günstiges Votum. Die Idee, das Glückspiel als Reizmittel für das Sparwesen zu benutzen, hat Ende 1890 zur Begründung des „Allgemeinen deutschen Sparvereins" zu Berlin geführt, welcher mittels einer etwas verschleierten Lotterie einzelnen Sparern Prämien zuführen will.[4]) Nach einer Mitteilung der österreichisch-ungarischen Sparkassenzeitung bemüht sich ferner die Sparkassenverwaltung zu Roveredo im Trient den Inhabern von kleineren

---

[1]) cf. Thorwart im „Nord-West" No. 48 von 1883 und das Verbandsorgan No. 222 Jhrg. 1891 p. 5 u. ff.

[2]) A. a. O. p. 110.

[3]) cf. A Lammers „ein neuer großartiger Gedanke für Volkssparen" im „Nord-West" No. 10 von 1891 und den Artikel „Sparen- und Lotterie-Gewinne" in der Schäfer'schen „Sparkasse" No. 222 von 1891, sowie die einen gegnerischen Standpunkt einnehmenden Aufsätze Thorwart's „Lotterie-Gewinne zur Förderung des Sparsinns?" im Nord-West No. 19 von 1891 und von Böhmert in der Socialkorrespondenz (Volkswohl) No. 25 von 1891.

[4]) cf. den vorher erwähnten Artikel im Verbandsorgan und denjenigen „über sociale Spekulationen" auf S. 105 der Heyden'schen „Sparkasse".

Guthaben neben einer 4 prozentigen Verzinsung auch das Recht zur Teilnahme an einer Verlosung zu verschaffen.

Das dritte Hauptziel der Reformbewegung geht dahin, eine nähere Verbindung aller Sparkassen untereinander herbeizuführen.¹) Was diesen letzten Punkt betrifft, so zeigt sich gerade hier, wie schwer den Sparkassen die Durchführung von Reformen fällt.²) Es ist nämlich nicht einmal gelungen, eine allgemeine Übertragbarkeit der bei ihnen gemachten Einlagen herbeizuführen, weder für ganz Deutschland, noch auch innerhalb der einzelnen Provinzen,³) obgleich dadurch den Einlegern offenbar ein grofser Vorteil verschafft würde und die Einrichtung der Sparkassen deshalb zu viel allgemeinerer Benutzung kommen müfste. Eine Bevölkerung, die nicht besonders sefshaft ist, wird die Einlagen in einer Sparkasse leicht unterlassen, wenn nicht die Möglichkeit besteht, über die eingelieferten Summen auch noch an einem anderen Platz verfügen, sie auch dort zurückziehen zu können. Das würde verwirklicht sein, wenn die Sparkassen auf Wunsch jedes Gläubigers dessen Einlagen auf eine fremde Sparkasse übertrügen, indem sie mit dieser in einer regelmäfsigen Verrechnung ständen. Es hat sich aber thatsächlich herausgestellt, dafs eine solche beliebige Übertragung von Guthaben durch ein gröfseres Land oder auch nur innerhalb eines beschränkteren Bezirkes nicht zu verwirklichen ist.⁴) Es ist auch nicht schwer einzusehen, warum alle Versuche, die in dieser Richtung unternommen worden sind, zum Mifserfolg führen mufsten. Abgesehen von den technischen Schwierigkeiten, die hauptsächlich damit zusammenhängen, dafs die Zahl der Sparkassen zu grofs ist und daher eine Verbindung unter ihnen die Errichtung einer übermäfsigen An-

---

¹) cf. C. Roscher a a. O. p. 21—23.

²) Über den Erfolg des Übertragbarkeit-Verkehrs äufserte sich Dr. Heyden in der Verbandsitzung vom 11. Oktober 1890 in folgender Weise: „Derselbe ist etwas umständlich sowohl für die Sparer als für die Sparkassenverwaltungen" „Sparkasse" 1890 p. 368.

³) Die Namen der an dem Übertragbarkeits-Verkehr teilnehmenden Sparkassen sind in einer Beilage zu dem a. a. O. erwähnten Adrefsbuch zu finden. Die seit 1885 stattgefundenen Veränderungen sind in dem Verbandsorgan angezeigt.

⁴) cf. Löning's Abhandlung über „Armenwesen" in Schönberg's Handbuch der politischen Ökonomie, II. Aufl., Bd. III p. 905.

zahl von Conten nötig machen dürfte, so würden der Natur der Sache nach bei einer solchen Einrichtung von einer Sparkasse vielfach Dienste beansprucht, für welche derselben gar keine Gegenleistungen gewährt werden könnten. Es handelt sich nicht so häufig um den Fall, dafs ein Guthaben bei einer Kasse zur ferneren Kapitalanlage an eine andere Anstalt übertragen werden soll, hier würden die Sparkassen schon eher ein Interesse haben, sich auf die Übertragung einzulassen, es kommen vielmehr noch zwei andere Fälle vor. Nämlich entweder man hat bei der Kasse eine Anlage und will diese in einer fremden Stadt gleich erheben, so dafs die vermittelnde Anstalt keinen Nutzen hätte von der Vermittlung, oder man will eine Einzahlung an einer Stelle machen, wenn man nach einem anderen Orte reist und dort eine dauernde Anlage machen will, so dafs in letzterem Falle die Annahmestelle an dem Geschäftsvorgang zu wenig interessirt ist.

Auch eine zweite Reform, die man angestrebt hat, erscheint unausführbar, so wichtig der Zweck wäre, der damit erreicht werden soll. Es kann wohl keinem Zweifel unterliegen, dafs eine Vermehrung der Spargelegenheiten regelmäfsig eine Vermehrung des Sparens zur Folge hat, ohne darum notwendigerweise ungünstige Wirkungen auf die Konsumtion der Einleger zu üben. Es wäre deshalb allerdings sehr wünschenswert, wenn die lokalen Sparkassen oder wenigstens Zweigniederlassungen, welche Gelder annehmen und auszahlen, in solcher Gleichmäfsigkeit durch das Land verbreitet werden könnten, dafs sie den Bewohnern jedes Ortes eine nahe und bequeme Zugänglichkeit böten. Dafs bisher dieser Wunsch viel weniger, als gemeinhin angenommen wird, seiner Verwirklichung nahe gekommen ist, lehrt eine etwas genauere Betrachtung unserer deutschen Verhältnisse.[1]

Nach einer im Jahre 1890 aufgenommenen Statistik,[2] welche sich auf das Königreich Preufsen bezieht, waren am

---

[1] Die Reichsstatistik hat die Sparkassen bisher nicht in den Bereich ihrer Erhebungen gezogen, so dafs man auf die Veröffentlichungen der einzelnen Bundesstaten angewiesen ist.

[2] cf. die wertvolle, inhaltsreiche Arbeit von G. Evert „Die preufs. Sparkassen im Rechnungsjahre 1888 bezw. 1888/89 mit Rückblicken auf die Vorjahre, sowie einer Nachweisung der wichtigsten Geschäftsergebnisse der einzelnen Sparkassen", Berlin 1890.

Schlufs des Rechnungsjahres 1888/89, d. h. am 1. April 1889 in diesem Staat im ganzen 1363 Sparkassen mit 488 Filialen oder Nebenkassen und 1402 Annahmestellen, zusammen 3250 Einlagestellen vorhanden.¹) Diese Sparstellen verteilen sich auf 2652 Ortschaften. Da nun in Preufsen 55 002 Gemeinden vorhanden sind, haben noch nicht 5 % der Gemeinden überhaupt eine Sparstelle. Die Verteilung der Sparstellen über den Staat ist sehr ungleich.²) Wenn wir uns verdeutlichen wollen, in welcher räumlichen Entfernung man eine solche aufzusuchen hat, so müssen wir die Frage stellen, auf welche Fläche im Durchschnitt eine Einlagestelle entfällt. Die Statistik lehrt in dieser Beziehung, dafs in Hohenzollern auf 37 qkm, in Posen erst auf 308 qkm eine Sparstelle kommt.

Wenn als entscheidend für die Bequemlichkeit des Einlegens der Weg erscheint, den der Sparlustige bis zur nächsten Annahmestelle zurückzulegen hat, so ergiebt sich wenigstens so viel als sicher, dafs jedenfalls in den schlechter mit Sparkassen ausgestatteten Gegenden die Bewohner im Durchschnitt durch meilenweite Entfernungen und in extremen Fällen noch viel weiter von einer Annahmestelle entfernt sind.³)

Was das Verhältnis der Kassen zur Bevölkerungszahl betrifft, so sei bemerkt, dafs im Durchschnitt des ganzen preufsischen Staats auf je 8705 Einwohner eine Sparstelle entfällt. Auch hier eröffnet Hohenzollern den Reigen, während Posen ihn wieder schliefsen mufs. Ersterer Landesteil besitzt eine Sparstelle auf 2152 Einwohner, letzterer eine solche erst auf 18 251 Einwohner. Was die anderen Bundesstaaten anlangt, so bestanden nach den mir vorliegenden statistischen Angaben vom 31. März 1887 in Bayern 302, in Württemberg 255 Sparstellen; hiernach enthält ersteres Land eine Sparstelle

---

¹) Die Annahmestellen bringen keine Spargelder zur Auszahlung.
²) Im Regierungsbezirk Gumbinnen sind der ganze Kreis Heydekrug, im Regierungsbezirk Bromberg 115 Orte mit 2000 und mehr Einwohnern ohne jede Spargelegenheit, und in zahlreichen anderen Kreisen, z. B. im Regierungsbezirk Köslin in 8 von 12, befindet sich nur die Kreisstadt im Besitz einer Sparstelle.
³) In Ost- und Westpreufsen müssen die Sparer durchschnittlich, was Abgeordneter Oechelhäuser in der Reichstagssitzung vom 29. 1. 1891 hervorhob, 10¹/₂ km bis zur nächsten Sparstelle gehen.

auf 251,2 qkm und 17 934 Einwohner, Württemberg auf 76,49 qkm und 7824 Einwohner. Über das sächsische Sparkassenwesen, das sonst immer als mustergültig hingestellt wird, ist zu bemerken, dafs in den Kreishauptmannschaften Leipzig und Zwickau 78 Orte mit 2000 und mehr Einwohnern noch keine Sparkassen besafsen.

In Baden finden keine Erhebungen über die Zahl der Sparstellen statt. Aus allgemeiner Kenntnis hat uns die Direktion des Grofsherzoglichen statistischen Bureaus in Karlsruhe mitgeteilt, das von den 107 Gemeindesparkassen nur diejenigen in Buchen, Mefskirch und Müllheim Vertrauensmänner, welche auch Spareinlagen annehmen, bestellt haben und zwar die beiden ersteren Kassen je einen und die letztere deren 21. Von den 20 Kassen ohne Gemeindebürgschaft besitzt nur die Sparkasse für Landgemeinden in Heidelberg aufser der Hauptkasse noch in 13 Ortschaften[1]) Sparstellen,[2]) an welchen sie auch Einlagen zur Auszahlung bringt.

Dafs nun die bestehenden selbständigen Sparanstalten, speciell die Gemeinde-, Kreis- und Provinzial-Sparkassen eine kräftigere Initiative in der Reform für die Vermehrung der Annahmestellen ergreifen werden, ist nach den bisherigen Erfahrungen[3]) und auch bei dem vielfach lokalen Charakter der Anstalten nicht zu erwarten. Die Anzahl der von den deutschen Kassen bisher ins Leben gerufenen Filialen ist, wie allseitig zugegeben wird, eine viel zu beschränkte, abgesehen davon, dafs die meisten dieser Filialen nur Einlagen annehmen, dagegen keine Auszahlungen machen. Häufig haben auch die Sparkassen selbst bei den besten Absichten nicht die erforderliche Macht und die nötigen Mittel, um die wünschens-

---

[1]) cf. den Rechenschaftsbericht der Sparkasse für Landgemeinden in Heidelberg pro 1889 p. 2.

[2]) Die Untererheber dürfen Einlagen bis zu 500 Mark annehmen. Statuten der gegenseitigen Spargesellschaft für Landgemeinden in Heidelberg pag. 6.

[3]) Bereits im Jahre 1846 hatte der Centralverein für das Wohl der arbeitenden Klassen die preufsischen Sparkassen-Verwaltungen zu bewegen gesucht, durch eine Vermehrung der Annahmestellen und Geschäftsstunden die Einzahlung der Ersparnisse möglichst leicht und bequem zu machen. cf. Schönborn „Geschichte des Sparkassenwesens in Europa" Jahrb. f. Gesg., Verwaltung u. Volkswirtschaft VIII (1884) p. 164.

werten Erweiterungen mit Erfolg durchzuführen. Die Errichtung besonderer Sparkassen für jede Gemeinde würde endlich allzuoft einen viel zu kostspieligen Verwaltungsapparat erfordern. Die Unvollkommenheit beschränkt sich aber auch nicht darauf, dafs die Stellen in zu geringer Zahl und zu grofser Entfernung von den Einlegern vorhanden sind, vielmehr ist die Bequemlichkeit des Einlegers auch noch dadurch verringert, dafs die Geschäftsstunden der Anstalt beschränkt werden.[1]) Die Erfahrung lehrt, dafs die Einlagen nicht blofs mit der Zahl der Annahmestellen, sondern auch bei der längeren Dauer der Geschäftsstunden sich vermehrten. So hat die Sparkasse in Bordeaux die Erfahrung gemacht, dafs die Einführung täglicher Expeditionszeit die Einlagen erheblich steigerte,[2]) die durchschnittliche Höhe der Rückzahlungen aber verringerte. Letzterer Umstand, welcher der Sparkasse sehr zu statten kam, war die natürliche Folge der Möglichkeit, täglich Geld zu erheben. Diese beiden Umstände, die Entfernung und die Kürze der Bureaustunden verstärken sich gegenseitig in ihrer Wirkung. Die Einlage wird doppelt erschwert, wenn einerseits bis zur Kasse ein weiter Weg zurückzulegen ist und anderseits dieser Weg zu einer ein für allemal bestimmt gestellten Zeit zurückgelegt sein mufs, um zu einer Einlage zu führen. Gerade aber die Vermehrung der Geschäftsstunden begegnet ähnlichen Schwierigkeiten wie die Errichtung neuer Annahmestellen. Ganz wie diese erfordert sie eine Vermehrung des Beamtenpersonals, die mit den Interessen der Anstalt sich nicht immer verträgt, sehr häufig vielmehr ihre Überschüsse wesentlich schmälern würde. Auch in Bezug auf die Annahmestellen und ihre Vermehrung sowohl in räumlicher wie zeitlicher Hinsicht kommen wir

---

[1]) Wie Marquardt behauptet, sind nur 58 Prozent der Sparkassen wochentäglich, die übrigen nur ein oder mehrere mal wöchentlich, verschiedene sogar nur 1. 2 oder 3mal monatlich oder gar jährlich auf einige Stunden für den Verkehr mit dem Publikum geöffnet. Vgl. „Die wirtschaftliche Sicherstellung der Arbeit und die Postsparkassen" Heft 3 Jahrg. 1890 bis 1891 der in Stuttgart erscheinenden Monatsschrift „Vom Fels zum Meer" p. 273.

[2]) C. Roscher a a. O. p. 19.

also zu dem Ergebnifs, dafs verglichen mit den Bedürfnissen des Publikums die Leistungsfähigkeit der Lokalsparkassen eine beschränkte bleibt. Sie werden nicht die Menge von Bureaux öffnen und die geöffneten nicht während der Länge der Zeit geöffnet halten können, wie es zur möglichsten Erleichterung der Einlagen wünschenswert wäre. Man könnte vielleicht daran denken, die Niederlassungen der Sparkassen dadurch zu vermehren, dafs die Postanstalten die Vermittlung von Ein- und Auszahlungen übernehmen, wie dies vom deutschen Sparkassenverband. von Spittel a. a. O. p. 33. C. Roscher a. a. O. p. 78 und anderen warm befürwortet wird. Bei Ablehnung des Postsparkassengesetzes von seiten der Reichstags-Kommission im Jahre 1885 wurde auch eine Resolution in diesem Sinne gefafst. Eine solche Verbindung zwischen Post und Sparkasse hat aber bisher nirgends irgend welche Erfolge erzielt und sowohl in Frankreich wie in Holland, in welchen Ländern sie im Jahre 1875 eingeführt worden war, wurde sie 1881 beziehungsweise 1882 wieder aufgegeben unter Einführung der wirklichen Postsparkassen. In Deutschland wurde eine solche Vermittlung seitens der Postverwaltung 1873 den Sparkassen in Rheinland und Westfalen, 1876 der Berliner und 1879 der Bremer Sparkasse und 1883 den reichsländischen Sparanstalten angeboten, jedoch überall abgelehnt. Bemerkenswert ist, dafs nicht, wie viele Schriftsteller, z. B. C. Roscher p. 50 u. 51 behaupten, der einzige Grund für die Ablehnung die Höhe der Gebühren gewesen ist. Vielmehr wurde von den Kassen ausdrücklich in Abrede gestellt, dafs ein Bedürfnis für die angebotene Einrichtung bestände. Selbst wenn die Sparkassen aber eine solche Vermittlung annähmen, so liefse sich doch bei der grofsen Verschiedenheit in ihren Einrichtungen der wesentliche Vorteil der Postsparkassen, dafs auf jedes Sparbuch und an jeder Postanstalt Ein- und Auszahlungen gemacht werden können, nicht verwirklichen. Zu beachten ist auch, dafs für den Staat die Einrichtung ein wesentliches Bedenken hätte. Wenn nämlich eine Kasse, die sich der Vermittlung der Post beim Verkehr mit ihren Einlegern bedient, ihren Verpflichtungen gegen letztere nicht nachkommen kann, dürfte dafür im Bewufstsein der Massen den Postfiskus leicht eine gewisse Verantwortung treffen. Wollte man aber zur Vermeidung solcher Unzuträglichkeiten die sich der Postvermittlung bedienenden Kassen einer umfassenden Kontrolle unterwerfen, wie dies vor einiger Zeit von Herrn von Stephan vorgeschlagen wurde, so dürfte dies viel zu grofse Kosten verursachen und sich auch für die Dauer als unausführbar erweisen. Eine Verpflichtung schliefslich, sich der innerhalb ihres Wirkungskreises belegenen Postanstalten als Vermittlungsorgane zu bedienen, würde die Sparkassen von der Postverwaltung abhängig machen und zu einer Beseitigung der in ihrem Geschäftsbetrieb bestehenden Verschiedenheiten zwingen, und so mehr und mehr zur Aufgabe der den örtlichen Verhältnissen angepafsten Organisationen führen.[1]) Diese Ausführungen weisen auf die Notwendigkeit hin, dafs neben jenen Sparanstalten noch andersartige zur Ergänzung auf dem ihnen unzugänglichen Gebiet hergestellt werden sollten, und in den Postsparkassen, die seit einem Menschenalter zur ersten Einführung gekommen sind, hat man in der That die Einrichtung gefunden, welche gerade das leistet, was den Lokalsparkassen unerreichbar ist,[2]) nicht blofs in Bezug auf die Übertragung von Ort zu Ort die Unvollkommenheit der Lokalsparkassen überwindet, sondern gerade auch sozusagen an jedem Ort und in jedem Augenblick zu kleineren Ersparungen zur Verfügung steht.[3]) Hier haben wir eine einheitliche Institution, die sich über das ganze Land erstreckt, so dafs die Ein-

---

[1]) Neuerdings ist dieser als wenig empfehlenswert angesehene vermittelnde Weg im Reichstag wo er bereits im Jahre 1886 Fürsprecher in den Abgeordneten von Bennigsen und Struckmann gefunden hatte, in der Verhandlung vom 25. 1. 1891 in ganz unbestimmter Weise zur Sprache gebracht worden.

[2]) Fortlaufende Berichte über sämtliche existierende Postsparkassen finden sich in gedrängter Form in dem Archiv für Post und Telegraphie, Beiheft zum Amtsblatt des Reichspostamts, in ausführlicherer Wiedergabe in dem Cirkular-Verordnungsblatt des K. K. Österreichischen Postsparkassenamtes in Wien.

[3]) Mit Recht kann daher de Malarce in seinem Aufsatz „Le mécanisme de la Caisse d'épargne postale", im Journal des Économistes, Tome Onziéme. Paris 1880 p. 107 u. 108 sagen. „que le livret d'une Caisse d'épargne ordinaire est localisé, et que le livret de la Caisse d'épargne postale est un livret national ... Partout où est inscrite l'enseigne du Post-office, le porteur du livret de la Caisse postale est comme chez lui".

zahlung in der einen Provinz gleichwertig ist einer solchen in den davon entfernten Landesteilen; hier haben wir auch eine Fülle von Annahmestellen, die bis in die kleinsten Dörfer, wo nur wenige Haushaltungen vorhanden sind, sich erstrecken. Hier ist endlich eine eigene Persönlichkeit bei jeder mit dem Publikum verkehrenden Anstalt vorhanden, welche sich ihrer Aufgabe berufsmäfsig widmet und daher den ganzen Tag den Einzelnen, die sich an sie wenden, zur Verfügung steht. Was es bedeuten kann für die Ersparung, wenn die Postanstalten zugleich für Spargelder Annahmestellen sind, das lehrt uns ein Blick in die Statistik unserer Postverwaltung.

Während im Reichspostgebiet nach einer im Jahre 1887 aufgenommenen Statistik eine Sparstelle auf 125,27 qkm und 11 095 Einwohner kommt,[1]) würden nach Hinzutreten der Postanstalten und Posthilfsstellen, wenn wir vorläufig noch von den sog. „wandernden Annahmestellen", den Landbriefträgern, absehen, eine Sparstelle auf 18,34 qkm und 1624 Einwohner entfallen. Im Jahre 1888 hatte das Reichspostgebiet 40 490 000 Einwohner und es gab am Ende des Jahres 18 508 Postanstalten. Wir haben also fünfmal so viel Postanstalten wie Annahmestellen der Sparkassen. Von besonderer Wichtigkeit ist hierbei noch der Umstand, dafs Postsparkassenstellen sich nicht wie die Geschäftsstellen der bestehenden Sparkassen nur auf die Städte und die Hauptorte kommunaler Verbände beschränken, sondern sich gleichmäfsig auch auf Landorte erstrecken würden.

Wem es ernstlich zu thun ist um die beiden Reformen der Übertragbarkeit der Spareinlagen und der Vermehrung der Gelegenheit zu Einlagen, der kann zu keinem andern Ergebnis kommen, als dafs je eher desto besser die Postsparkasse in Deutschland zur Einführung kommt.[2])

---

[1]) Marquardt a. a. O. p. 273.
[2]) Der Bundesrat brachte in der Session 1884/85 den Entwurf eines mit eingehenden Motiven versehenen Postsparkassengesetzes vor den Reichstag, fand aber bei der Majorität desselben, wie erwähnt, keine Zustimmung. cf. Elster „Der Entwurf eines Postsparkassengesetzes vor dem Reichtage". Jahrbl. f. Nat. u. Stat. N. F. X (1885) p. 393 u. ff. Neuerdings ist die Postsparkassenfrage wieder actuell geworden. Am 8./5. 1890 kam sie im Preufs.

Was daher als Reform auf dem Gebiet der bestehenden Sparkassen übrigbleibt, kann nur die Erweiterung ihrer Thätigkeit sein. Diese Erweiterung kann sich nach verschiedenen Richtungen hin erstrecken. Aus einer Betrachtung der Sparkassen selbst bei unsern heutigen Verkehrsbedürfnissen aber drängt sich besonders die Frage auf, ob nicht im allgemeinen Interesse, wie in dem der Entwicklung der Sparkassen die Einführung des Checkverkehrs bei denselben zu empfehlen sei. Mit dieser Frage, die wichtig und umfangreich genug erscheint, um einer Betrachtung unterzogen zu werden, sollen sich die nachfolgenden Blätter eingehend beschäftigen. Hierbei fassen wir nur ins Auge diejenigen Anstalten, deren Hauptaufgabe in der Annahme von Spareinlagen weiter Kreise der Bevölkerung, um dieselben zinsbar zu benützen und den Einlegern einen Zins vergüten zu können, besteht.[1]) Die Sparanstalten, die wir hier betrachten, sind entweder Stadtgemeinde-, Landgemeinde-, Kreis-, Amts-, Provinzial-, ständische, staatliche, Vereins- oder Privat-Sparkassen, je nach dem Subjekt, das für die Einlage einzustehen hat.[2])

Herrenhause zur Sprache. Kurz vorher hatte der Verein zur Wahrung der wirtschaftlichen Interessen von Rheinland u. Westfalen gemäfs einem Beschlufs vom 12. April 1890 eine Eingabe an den Bundesrat gerichtet zu Gunsten der Einführung eines Postsparkassenwesens. Hierauf ist am 12. 1. 1891 von seiten des Staatssekretärs im Reichspostamt eine Antwort ergangen. Aus dieser Antwort des Herrn von Stephan, sowie aus seinen Erklärungen im Reichstage am 29. 1. 1891 geht hervor, dafs die Verwaltung erst eine Zeitlang prüfen will, ob die Postanstalten bei der grofsen Arbeit die ihnen durch das neue Versicherungsgesetz erwächst, auch die Lasten der Sparkassen übernehmen können.

[1]) Die Bankanstalten (Vorschufsvereine, Volksbanken), welche besondere Abteilungen zur Annahme von Spargeldern einrichten, müssen aus mehreren Gründen hier aufser acht bleiben. Einerseits ist hier der Betrieb der speciellen Abteilungen für Spargelder zu eng mit den übrigen Aufgaben der Bank verknüpft, andererseits sind auch die Verhältnisse bei den einzelnen Instituten zu wenig gleichmäfsige und auf feste Gewohnheiten gestützte. Endlich sind die Nachrichten über solche Institute, die nicht unter der Aufsicht einer öffentlichen Behörde stehen, nur unvollständig zu erlangen.

[2]) Nach einer von A. Wald in No. 174 p. 3 u. 4 der „Sparkasse" aufgestellten Statistik gab es im Jahre 1889 in Deutschland 2295 solche selbständigen Sparkassen.

II.
Wesen des Checkverkehrs und seine bisherige Entwicklung in Deutschland.

Um unser Problem zu lösen, wird es notwendig sein, daſs wir von dem Wesen des Checkverkehrs eine richtige Vorstellung gewinnen.[1]) Der Checkverkehr besteht darin, daſs durch ihn Zahlungsleistungen vermittelst Übertragung der an einer dritten Stelle bereit liegenden Gelder bewirkt werden. Der Check ist das Erzeugnis und Instrument einer modernen wirtschaftlichen Entwicklung, welche die Kassenführung der Einzelnen mehr und mehr in die Hand von berufsmäſsigen Kassenverwaltungen gelegt hat. Er befriedigt, wie Knies bemerkt,[2]) „ein neues eigentümliches, aber starkes und bedeutsames Verkehrsbedürfnis", das Bedürfnis nämlich Zahlungen fortgesetzt zu machen, nachdem Kassenführung und Deposit in fremder Hand eingetreten ist. Es findet keine zeitliche Verschiebung der Zahlung statt, sondern nur eine Veränderung in der Person des Zahlenden und damit allerdings eine räumliche Verschiebung; die Zahlungsstelle wird in den Zahlraum des Bezogenen verlegt. „Wer" also „einen Check nimmt, will und soll eigentlich weder kreditieren noch prolongieren und dergl., sondern er soll nur zustimmen, daſs er seine Zahlungen an einer anderen Kasse, d. h. an einem andern Ort empfange."[3])

Wenn dies die allgemeine Natur des Checks ist, so kann derselbe dadurch, daſs seine Realisierung durch Aufrechnung stattfindet, ein Mittel werden, den Ausgleich der gegenseitigen Verbindlichkeiten bedeutend zu erleichtern und eventuell auf

---

[1]) cf. Knies „Geld und Kredit" II, 1 p. 272 u. ff. Ausführliche Angaben über Checklitteratur finden sich bei Kuhlenbeck „Der Check". Leipzig 1890. p. 214 ff. u. bei G. Cohn im „Handwörterb. d. Staatswiss." I p. 820 u. ff.
[2]) a. a. O. p. 274.
[3]) Knies a. a. O. p. 277.

ein Minimum zu reduziren. Es sind dabei zwei Fälle zu unterscheiden. Entweder der Empfänger des Checks giebt diesen dem Bezogenen in Zahlung, sei es dafs er selbst eine Schuld bei diesem hat, oder dafs er ein Guthaben gegen ihn erwerben will, beispielsweise auch ein solches, über welches er durch Checks zu verfügen gedenkt. Dann wird die bare Einlösung des Checks unnötig, und es finden zwei Zahlungen ohne alle Barmittel statt. Die zweite Möglichkeit ist die, dafs der Empfänger des Checks denselben nicht persönlich einzieht, sondern ihn durch ein Bankinstitut einziehen läfst. Dieses wird in sehr vielen Fällen seinerseits Verpflichtungen gegen die bezogene Bank haben, meistens auch wieder infolge ausgestellter Checks. Daher finden hier Berechnungen unter den Bankinstituten statt, so dafs Barzahlungen erspart werden, und ein grofser Teil der sämtlichen Checks verschwindet, ohne dafs sie bares Geld in Bewegung gesetzt haben. Wenn wir auf Grund dieser Erörterungen über die Aufgaben des Checks fragen, in welcher Weise derselbe für die Sparkassen in Betracht kommen kann, so ergiebt sich die Möglichkeit, dafs die Sparkassen nach drei Richtungen mit Checks in Berührung kommen. Sie können einen Checkverkehr haben mit einem Bankinstitut, auf welches die Sparkassen Checks ziehen, oder es laufen von Dritten ausgestellte Checks auf Banken durch ihre Kassen, oder endlich die Sparkasse läfst Checks auf sich selbst trassieren. Checks zu empfangen und weiter zu begeben, wird wie jeder Private auch jede Sparkasse heute häufig in die Lage kommen. Wir wollen hier die beso dere Frage zu beantworten suchen, ob die Sparkassen wie Bankiers das Zahlungsgeschäft für ihre Kunden besorgen und dadurch fortwährend auf den Checks als die Bezogenen fungieren sollen. Durch die Einführung des Checkverkehrs in diesem Sinne bei den Sparkassen würde den mit diesen Instituten in Verbindung stehenden Kreisen die Möglichkeit gegeben werden, auf die Anstalt, bei der sie Geld hinterlegt haben, Checks auszustellen und damit die ihnen obliegenden Zahlungen zu leisten. Wenn wir uns nun der Frage zuwenden, ob es sich empfiehlt, dafs bei den Sparkassen ein solcher Checkverkehr einzurichten wäre, so werden wir zunächst betrachten, was bisher geschehen ist, um den Checkverkehr einzuführen sowohl von seiten anderer Institute als besonders auch durch einzelne Sparkassen.[1]

Nach dem Vorbild von England, wo der Check zuerst zur Anwendung gekommen ist, und in Anerkennung der grofsen wirtschaftlichen Vorteile, welche dort aus seiner Benutzung gewonnen wurden, hat man in den letzten Jahrzehnten auch in Deutschland diese Vorteile sich zu sichern gesucht.

In unserer Presse, wie in der Fachlitteratur wurde die Einführung des Depositen- und des aufs engste mit ihm verknüpften Checkwesens lebhaft befürwortet,[2] um so durch die Vorteile der rationellen englischen Praxis einen Umschwung in unserem wirtschaftlichen Leben herbeizuführen, welcher in letzter Linie auf nichts Geringeres abzielte als auf eine völlige Umgestaltung unseres Zahlungswesens. Trotz der eifrigen Bestrebungen ist aber der Checkverkehr in Deutschland, abgesehen von demjenigen, welcher von einzelnen Hamburger Bankinstituten gepflegt wurde,[3] erst in neuester Zeit in gröfsere Aufnahme gekommen. Führte doch sogar der Berliner Kassenverein, welcher im Jahre 1828 gegründet wurde, zum Zweck, für die Berliner Bankhäuser Zahlungen in barem Geld aus einer Hand in die andere entbehrlich zu machen, den genannten Verkehr erst im Anfang der 1870er Jahre ein.[4] Als ein wichtiger Fortschritt in der Entwicklung des Giro- und Checkwesens ist die Einführung des Giro-Verkehrs bei der deutschen Reichsbank im Jahre 1876 zu bezeichnen. Als

---

[1] cf. u. a. A. Simonson „Über Giro- und Checkverkehr in Deutschland" Jahrb. f. Gesetzg., Verwaltg. u. Volksw., VIII, 1884 p. 135 u. ff. und Th. Laves „Die Bestrebungen zur Einführung des Depositen-Banksystems mit Giro- u. Checkverkehr in Deutschland und die österreichische Postsparkasse". Jahrb. a. a. O. X, 1886 p. 260 u. ff.

[2] cf. z. B. Koch „Über Giroverkehr und den Gebrauch von Checks als Zahlungsmittel" Berlin 1878 und „Über Bedürfnis und Inhalt eines Checkgesetzes für das Deutsche Reich". Berlin 1883.

[3] Von der 1619 gegründeten und 1875 mit Einrichtung der Reichsbank aufgehobenen Girobank, welche den Grundstein zur Entwickelung des deutschen Giro- und Checkverkehrs gelegt hat, und von zwei 1856 gegründeten Instituten, der Vereinsbank und der Norddeutschen Bank. Vgl. Simonson a. a. O. p. 154.

[4] Kuhlenbeck a. a. O. p. 40

eine fernere wichtige Etappe in der Entwicklung des Checkverkehrs ist der am 14. Februar 1883 auf gegenseitige Abrechnung abgeschlossene sog. Checkvertrag[1]) zwischen der Reichsbank und 17 grofsen Bankinstituten anzusehen. Dieses Abkommen wirkte auch durch die Bestimmungen über ein einheitliches Checkformular sehr bedeutsam auf die gewohnheitsrechtliche Schaffung eines formellen Checkverkehrs, um so mehr, als dies Abkommen auch für die übrigen acht Abrechnungsstellen Deutschlands eingeführt wurde. Neben der Reichsbank haben nur noch verschiedene grofse Bankinstitute aufserhalb Berlins, besonders die Frankfurter Bank, den Checkverkehr mit ihren Kunden gepflegt. In Berlin hat sich unter anderen Instituten die Deutsche Bank ein Verdienst um Einbürgerung des genannten Verkehrs dadurch erworben, dafs sie in besonders geeigneten Stadtgegenden Kassen für Depositen-Contos eröffnete und dadurch die grofsen Fabrik-, Engros- und Detailgeschäfte zur Benutzung des Checkverkehrs heranzog.[2]) Alle diese Einrichtungen sind aber in der Hauptsache nur für die grofsen Bankhäuser und die ihnen nahestehenden bedeutenderen Geschäftsleute bestimmt und kommen so überwiegend dem Stand der grofsen Kaufleute zu gute.

Die Einführung und Einbürgerung des Checkverkehrs in Deutschland für die kleineren Geschäftsleute und Privaten ist der Direktion der Oldenburger Spar- und Leihbank zu verdanken, welche schon im Jahre 1869 einen Checkverkehr „für jedermann" nach schottischem Vorbilde einführte und mit ihm günstige Resultate erzielte.[3]) Dieselben Einrichtungen wurden auch bei der Osnabrücker Bank, einer früheren Filiale des eben erwähnten Instituts, im Anfang der 1880er Jahre geschaffen[4]) und haben sich auch dort gut bewährt. Diese Vorgänge sind aber vereinzelt geblieben, so dafs auch heute noch

---

[1]) Abgedruckt bei Kuhlenbeck a. a. O. p. 165 u. ff.
[2]) Laves. a. a. O. p. 262.
[3]) cf. die 3 Rundschreiben der oldenburgischen Spar- und Leihbank vom 4. 12. 1869, 20. 9. 1883 und 17. 10 1883. Als Minimum der Einzahlung wurde ursprünglich der Betrag von 30 Mk., später der von 25 festgesetzt.
[4]) cf. die augenblicklich in Kraft befindlichen „Bedingungen für den Checkverkehr mit der Osnabrücker Bank". Vom 1. 4. 1886. Abgedruckt bei Kuhlenbeck a. a. O. p. 176.

die kleineren Geschäftsleute wenig Gelegenheit haben, von den Vorteilen des Checkverkehrs Gebrauch zu machen. Einen gewissen Ersatz für die fehlenden Depositenbanken bieten bei uns die Sparkassen. Von diesen hat erst eine den Checkverkehr bei sich eingeführt. Es ist dies die Lippesche Landessparkasse, eine unter der fürstlich Lippe-Detmoldschen Verwaltung stehende Anstalt, welche ihr Domicil in Detmold und Annahmestellen in Schötmar, Overlinghausen und Schwalenberg, 3 Städten des Landes besitzt.[1]) Die Einführung der für die Sparkassen eminent wichtigen Neuerung verdankt man der Initiative ihres vorletzten, vor wenigen Jahren verstorbenen Direktors Rülberg, welcher längere Zeit als Kaufmann in Indien gelebt und dort das Checkwesen kennen gelernt hatte. Auf Grund seiner Erfahrungen entwarf er auch die vom 1. Dezember 1883 datierte Verordnung über „die Einführung des Checkverkehrs bei der Landessparkasse",[2]) welche aufser den Verwaltungsgrundsätzen auch eine Anzahl von Normen des Checkrechts enthält und sich in der Praxis gut bewährt hat. Wie die Lippesche Sparkasse mit der Pflege des Checkverkehrs als Unikum unter den Lokalkassen dasteht, so findet sich unter den Postsparkassen ein Gegenbild in unserem Nachbarlande Österreich-Ungarn. Bei der österreichischen Postsparkasse wurde am 6. 11. 1883, bei der ungarischen 5. 5. 1889 der Checkverkehr eingeführt, und zwar mit grofsem Erfolge. So wurde der Checkverkehr in Österreich, welcher bis dahin in recht beschränktem Mafse von der österreichisch-ungarischen Bank mit ihren 37 Filialen und einigen hervorragenden Kreditinstituten gepflegt worden war, in grofsartigem Umfange ausgedehnt.[3]) Ging doch sogar die Absicht Koch's, des genialen Organisators der österreichischen Postsparkasse dahin, die Kassenvorräte der gröfseren Geschäfte für alle Ein- und Auszahlungen in Österreich an sich zu ziehen und so gewissermafsen das ganze Land zu einem einheitlichen Zahlplatze zu machen. Für den breiten gewerblichen und handeltreibenden Mittelstand ist jedoch noch nicht genügend Vorsorge getroffen

---

[1]) cf. auch die allerdings in einigen Punkten veralteten Angaben des a. a. O. erwähnten statistischen Adrefsbuchs p. 429.
[2]) Abgedruckt in der Zeitschrift für Handelsrecht, Bd. XXXI p. 259 u. ff.
[3]) cf. Laves a. a. O., bes. p. 273 u. ff.

worden. Es dauerte nach Einführung des Checkverkehrs bei der österreichischen Postsparkasse nicht lange, bis auch bei uns in Deutschland Stimmen aus den hierbei interessierten Kreisen laut wurden, welche die Forderung aufstellten, dafs bei der Einführung einer Postsparkasse eine Verbindung des Giro- und Checkwesens mit derselben stattfände. So trat die Mannheimer Handelskammer im Mai 1885 in einer an das Reichsamt des Innern gerichteten Eingabe dafür ein, dafs bei einer Wiedervorlage eines Postsparkassen-Entwurfes die Einführung eines Giro- und Checkverkehrs nach österreichischem Muster berücksichtigt würde.[1]

Die Bestrebungen zur Einführung des Checkverkehrs bei den deutschen Lokalsparkassen, welche bereits im Anfang der 80er Jahre in dem neugegründeten Organ des rheinisch-westfälischen Sparkassenverbandes, der damals von Heyden redigierten „Sparkasse", Ausdruck gefunden hatten,[2] wurden durch die Vorgänge in Österreich wesentlich verstärkt und führten zu einer Reihe von lebhaften Auseinandersetzungen. Unter anderen wurde im November 1884 von der Stadtverordneten-Versammlung in Mülheim a. d. Ruhr beschlossen, die Genehmigung der königlichen Regierung zur Einführung des Checkverkehrs bei der dortigen Sparkasse[3] nachzusuchen. Das Gesuch[4] gelangte von dem Oberpräsidium der Rheinprovinz am 27. Februar 1885 an das Ministerium des Innern, in welchem man sich mit Prüfung der wichtigen Frage eingehend beschäftigte. Man schien damals in Berlin nicht ganz abge-

---

[1] cf. „Sparkasse" No. 82 p. 7.
[2] cf. „Sparkasse" No. 22 p. 1, 23 p. 1. 38 p. 7.
[3] Über die Verhältnisse der Mülheimer Anstalt im Jahre 1884 enthält das statistische Adrefsbuch folgende Angaben: Betrag der Einlagen 3 948 087,88. Reservefonds 295 488,37. Niedrigste Einlage 1 Mk., höchste 6000 Mk. Zinsfufs für Einlagen 3—4 %, für Anlagen 4—5 %. Zahl der Sparkassenbücher 712 von 1—60 Mk.; 663 von 60—150 Mk.; 707 von 150 bis 300 Mk.; 1003 von 300—600 Mk.; 1946 von über 600 Mk.; überhaupt 5031. Zinsbar angelegt überhaupt 4 224 956,35. Auf Hypotheken: a) auf städtische Grundstücke 2 280 498 5. b) auf ländliche Grundstücke 1 055 718. In Papieren Nominalwert 441 800 Mk.
[4] Das vom Bürgermeister von Bock motivierte Gesuch, sowie das der Regierung zur Genehmigung vorgelegte Statut für den Sparkassen-Checkverkehr sind in Anlage 1 u. 2 zum Abdruck gebracht.

neigt, wenigstens einige Versuche in der genannten Richtung zuzulassen und stellte dazu in Anlehnung an die von der Mülheimer Gemeindevertretung gemachten Vorschläge einige Normen für den Checkverkehr bei den Sparkassen auf, welchen man die bezüglich desselben zur Sprache gebrachten Vorzüge und Bedenken hinzufügte und liefs diese Vorschläge am 27. 3. den einzelnen Oberpräsidenten zur Begutachtung zugehen. Der Wortlaut dieses Erlasses ist folgender:[1])

„Um dem Publikum Gelegenheit zu geben, seine nicht zu Kapitaleinlagen bestimmten Gelder gegen Vergütung von Zinsen deponieren und je nach Bedarf wieder darüber verfügen zu. können, ist bei einer öffentlichen Sparkasse die Einführung eines Checkverkehrs in Aussicht genommen worden.

Die Checkeinlagen, welche mindestens 50 Mark betragen müssen, sollen von dem auf die Einzahlung folgenden Tage bis auf weiteres mit $2^1/_2$ % verzinst werden.

Rückzahlungen sollen in der Regel sofort erfolgen, jedoch soll der Sparkasse das Recht zustehen, bei Rückforderungen von 3000—6000 Mk. eine dreitägige und von mehr als 6000 Mk. eine achttägige Kündigung zu verlangen.

Für die Einrichtung wird geltend gemacht, dafs dieselbe als eine sehr günstige Gelegenheit zur einstweiligen sicheren Aufbewahrung disponibler Gelder stark benutzt werden und dadurch der Verkehr des Institus einen bedeutenden Aufschwung gewinnen würde, sowie, dafs derartige Transaktionen eine besondere Gefahr für das Institut resp. den Garanten insofern nicht böten, als die Sparkassen-Verwaltung wenigstens in Friedenszeiten stets in der Lage sein werde, auch bei gleichzeitiger Zurückziehung gröfserer Checkeinlagen die erforderlichen Geldmittel event. durch Lombardenleihen bei der Reichsbank innerhalb der vorbehaltenen Kündigungsfrist zu beschaffen.

Andererseits wird auf die Bedenken hingewiesen, welche sich gegen die Zulassung des Checkverkehrs überhaupt aus den Bestimmnngen sub No. 4c u. 10 des Reglements über die Einrichtung des Sparkassenwesens vom 12. Dezember 1838

---

[1]) Abgedruckt bei Heyden „Die Sparkassengesetzgebung Deutschlands" Bd. I, Preufsen. Essen 1889 p. 69 u. 70.

ergeben, wonach der Hauptzweck der Sparkassen die Förderung des Sparsinns bei der ärmeren Bevölkerung sei und durch Festsetzung entsprechender Kündigungsfristen für höhere Einlagen die Sparkasse davor bewahrt werden soll, gröfsere Summen beständig unbelegt bereit zu halten.

Ferner wird die Gefahr betont, welche darin liege, dafs in Kriegszeiten die Rückforderung von Checkeinlagen einen derartigen Umfang gewinnen könne, dafs die Sparkasse entweder gar nicht, oder doch nur durch Verkauf ihrer Wertpapiere mit grofsen Verlusten Deckung zu schaffen imstande sein würde.

Endlich wird die Verzinsung der Checkeinlagen mit $2\frac{1}{2}$ %, welche sofort beginnen und bis zum Tage der Wiederauszahlung dauern soll, für bedenklich gehalten, da der Checkverkehr die stetige Bereithaltung eines weit gröfseren Barbestandes als solcher sonst erforderlich sei, bedinge, und der derzeitige niedere Stand des Zinsfulses für — der Sparkasse allein gestattete — sichere Anlagen bezweifeln lasse, dafs es derselben möglich sein werde, mit eigenem Vorteile für die Checkeinlagen $2\frac{1}{2}$ % Zinsen zu gewähren.

Bei der Wichtigkeit der Angelegenheit und da bisher an dem Grundsatze festgehalten worden ist, Transaktionen, welche vorwiegend einen bankartigen Charakter tragen, den öffentlichen Sparkassen nicht zu gestatten, ersuche ich Ew. Hochwohlgeboren ergebenst, sich zunächst noch Ihrerseits zur Sache gefälligst gutachtlich zu änfsern."

Die einzelnen Oberpräsidenten wandten sich zum grofsen Teil an einzelne in ihren Rayons gelegene Sparkassen mit der Auftrage, ob diese unter den oben genannten Bedingungen den Checkverkehr bei sich einführen wollten. So legte der Oberpräsident der Provinz Brandenburg im Laufe des April diese Frage dem Berliner Magistrate vor. Die Antwort der Stadtverwaltung[1]) lautete dahin, dafs die Sparkassen den Zweck hätten, den Sparsinn zu fördern; der Depositen-Checkverkehr passe nicht in den Rahmen einer Sparkasse, mache sie zu einer Bank, habe nichts mit der Förderung des Sparsinns zu schaffen. Ein Vorteil daraus sei fraglich, da stets gröfsere

---

[1]) cf. „Sparkasse" No. 78 p. 8.

Summen der stetigen Zahlungsbereitschaft wegen zinslos daliegen müfsten. Wenn auch in gewöhnlichen Zeiten keine Gefahr zu befürchten wäre, da man eventuell Lombarddarlehen auf die Effekten bei der Reichsbank aufnehmen könne, so treffe dieses für Krisen hervorgerufen durch Kriege u. s. w. nicht zu, alsdann müsse man mit grofsem Verluste der Rückforderungen wegen die Effekten versilbern.

Der Oberpräsident von Westfalen, Herr v. Hagemeister, wandte sich unter dem 14. April mit seiner Anfrage an den Vorstand des deutschen Sparkassenverbandes. Die Redaktion des oben erwähnten Verbandorganes bemerkte zu dieser Anfrage folgendes:[1]) Die bestehenden Sparkassen seien in zwei Kategorieen zu teilen, von denen die einen auf Grund des preufs. Regulativs vom 12. 12. 1838 ihre Geschäfte als strikte Sparkassen führten, während die anderen schon mehr den Charakter von Kommunalbanken angenommen hätten. Diese letzteren, welche meist von wohlhabenderen Leuten Einlagen annehmen, könnten den Checkverkehr einführen, sollten aber ihre ganz kleinen Kunden den Postsparkassen abgeben. Bei der Vorstandsversammlung des erwähnten Verbandes im Juni 1885[2]) fafste derselbe behufs Erwiderung der Anfrage folgende Resolution: „Der Vorstand des deutschen Sparkassenverbandes erklärt die Einführung des Checkverkehrs bei den Sparkassen zur Zeit nicht für geboten, hat jedoch keine Bedenken dagegen geltend zu machen, wenn eine Sparkasse den Versuch damit machen will. In Anbetracht der veraussichtlich wachsenden Verbreitung des Checks, namentlich der wahrscheinlichen Einführung desselben bei den Reichspostsparkassen nimmt der Vorstand das gröfste Interesse an den Vorbereitungen, welche der Einführung vorhergehen müfsten, besonders bei dem Erlafs eines Checkgesetzes." Ebenso wie sich in dieser Antwort der Vorstand des deutschen Sparkassenverbandes der Einführung des Checkverkehrs gegenüber durchaus nicht ablehnend verhielt, so nahm auch der Anfragesteller, der Ober-Präsident von Westfalen in seinem, dem Ministerium des Innern abgegebenen Gutachten eine durchaus wohlwollende

---

[1]) cf. „Sparkasse" No. 80 p. 2 u. ff.
[2]) cf. „Checkverkehr bei Sparkassen" in No. 81 p. 2 u. ff. der „Sparkasse".

Stellung ein. Dagegen traten alle anderen Oberpräsidenten den prinzipiellen Gründen, welche in dem Erlafs seiner Zeit gegen die Einführung des Checkverkehrs bei den Sparkassen geltend gemacht worden waren, bei, so dafs sich der Minister des Innern veranlafst sah, in einem an Herrn v. Bardeleben gerichteten Erlafs sich dahin auszusprechen, dafs auf den Antrag der städtischen Behörden in Mülheim nicht eingegangen werden könne. Dieser Erlafs, der den anderen Oberpräsidenten abschriftlich zuging, hat folgenden Wortlaut:[1] „Nachdem mir über die Frage wegen Einführung des Checkverkehrs bei den öffentlichen Sparkassen die Äufserungen sämtlicher Herren Oberpräsidenten zugegangen sind, erwidere ich Ew. Excellenz auf die gefälligen Berichte vom 27. Februar und 8. Juli[2] vorigen Jahres bei Rücksendung der Anlagen ganz ergebenst, dafs aus den in dem abschriftlich beifolgenden Erlasse vom 28. März vorigen Jahres — Anlage 9 — gegen die Einführung eines Checkverkehrs bei den Sparkassen angeführten prinzipiellen Gründen, welchen sämtliche Herren Oberpräsidenten — mit Ausnahme eines einzigen — beigetreten sind, auf den diesbezüglichen Antrag der Sparkassenverwaltung bezw. der städtischen Behörden zu M. auch in dem nach dem gefälligen Berichte vom 8. Juli vorigen Jahres modifizierten Umfange nicht eingegangen werden kann."

Bestrebungen zur Einführung des Checkverkehrs bei den Lokalsparkassen machten sich auch in Österreich-Ungarn geltend und zwar ging dort die Agitation von seiten der Redaktion der Österreich-ungarischen Sparkassen-Zeitung aus. Ihr um das Sparkassenwesen verdienter Redakteur Mentzel bereiste im Jahre 1886 die Kronländer der österreichischen Monarchie, um mit den Leitern der einzelnen Sparkassen über die Hereinziehung des Check- und Clearingverkehrs in den Sparkassenbetrieb Beratungen zu pflegen. Da viele, besonders die juristisch gebildeten Leiter dieser Institute die Idee mit Freuden begrüfsten und die eingezogenen Erkundigungen ergaben, dafs die Praktizierung des genannten Verkehrs bei den

---

[1] Abgedruckt bei Heyden a. a. O. Bd. I p 69.
[2] Unter diesem Datum war dem Ministerium ein Gesuch der Mülheimer Stadtverwaltung zugegangen, in welchem dieselbe eine kleine Modifikation des vorher erwähnten Statuten-Entwurfs beantragte, cf. Anlage 2 Schlufs.

Sparkassen durchaus kein Ding der Unmöglichkeit wäre, sah sich Mentzel bewogen, die praktische Durchführung seines Vorschlages in einem Gesetzesentwurf zu skizzieren.[1]) Hinsichtlich der hier gemachten Ausführungen und Vorschläge wandte er sich an den Organisator der österreichischen Postsparkasse, Koch, mit der Bitte um sein Gutachten.[2]) Koch hat nun die Darlegungen, welche in der erwähnten Broschüre den Sparkassen zur Beurteilung unterbreitet wurden, nicht nur als vollkommen richtig, sondern auch als praktisch durchführbar bezeichnet und in dieser Hinsicht ist das Urteil Koch's wohl mafsgebend. Trotzdem auch noch einige Abgeordnete des österreichischen Reichsrates das Versprechen abgaben, bei einer etwaigen Vorlage über die erwähnte Materie warme Fürsprecher derselben zu sein, konnten sich die Sparkassen nicht zu einem einheitlichen Vorgehen entschliefsen, so dafs die ganze Angelegenheit wieder vertagt wurde. Erst im Herbst 1890 wurde die Agitation, diesmal wieder in Deutschland, auf der Generalversammlung des deutschen Sparkassenverbandes und zwar von seiten Heyden's von neuem aufgenommen.[3]) Aus den bezüglichen Ausführungen seines Referats ist hervorzuheben, dafs seiner Ansicht nach sich die Sparkassen dem erleichterten Geldverkehr auf die Dauer nicht würden entziehen können, besonders nicht nach Erlafs eines Checkgesetzes. Dieses Checkgesetz, welches bekanntlich im Jahre 1882 in der Schwebe blieb, dürfte aber wohl zu den finanzpolitischen Vorlagen des preufs. Finanzministers Miquel, eines grofsen Freundes des Checkwesens, zählen und bald an den Bundesrat und Reichstag gelangen.

III.
Gründe für und gegen die Einführung des Checkverkehrs bei den Sparkassen.

Nach diesem geschichtlichen Rückblick kommen wir zur Beantwortung der Frage, ob eine innere Zweckmäfsigkeit da-

---

[1]) Konrad M. Mentzel „Skizzen zur Institution des Check- und Clearing-Verkehrs bei den Privatsparkassen", Wien 1887.
[2]) Österreichisch-ungarische Sparkassen-Zeitung.
[3]) cf. „Sparkasse" 1890 S. 168.

für spricht, dafs die Bestrebungen zur Einführung des Checkverkehrs bei den Sparkassen befördert und unterstützt werden sollen. Es ist hier naturgemäfs der Wert, den die Ausbreitung des Checkverkehrs an sich hat, in Betracht zu ziehen und auf der andern Seite die Fähigkeit der Sparkassen, sich diesem Geschäftszweig zu widmen, ihre Eignung für denselben. Als von einer unbestrittenen Wahrheit können wir davon ausgehen, dafs der Checkgebrauch für diejenigen, welche sich seiner bedienen, eine Reihe erheblicher Vorteile in sich schliefst. Wir haben vom privatwirtschaftlichen Standpunkt aus hervorzuheben, dafs durch den Gebrauch des Checks eine Erleichterung des Zahlungsverkehrs und ein Gütergewinn eintritt. In ersterer Hinsicht wird das Halten gröfserer Kassenbestände für den Privaten entbehrlich, die Mühe und Gefahr der Kassenführung demselben abgenommen und damit Zeit- und Gelderspanis erzielt.

Die Zahlung durch Checks ist gegenüber der Barzahlung in vier Punkten eine vorzüglichere.

1. Das Ausschreiben und Versenden des Checks ist bequemer und meist weniger zeitraubend als die gleichen Manipulationen mit Geld. Der Checkkunde kann jede Rechnung, ob es sich um gröfsere oder kleinere Summen handelt, mit einer einzigen Anweisung bezahlen, so dafs das zeitraubende Geldzählen hinfällig wird. Der Nehmer des Checks, sofern er diesen nicht weiter in Zahlung giebt, präsentiert dann seinerseits denselben der Bank und läfst sich die vermerkte Summe entweder auszahlen oder, wenn er Kunde derselben Bank ist, gutschreiben.

2. Aber nicht blofs die Umständlichkeit des Geldzählens und -Empfangens, sondern auch die Gefahr des Verlustes durch Irrtümer im Zählen, Empfangen von falschen Münzen und durch Verlieren von Geldstücken wird vermieden.

3. Die Kassenführung durch das Bankhaus schützt ferner die Kunden für die hinterlegten Summen vor Diebstahl und Feuersgefahr. Der Einleger braucht keinen diebs- und feuerfesten Verschlufs, die Mühe und Sorge für die sichere Aufbewahrung wird von dem Bankier übernommen.

4. Noch in einem Punkte ist die Zahlung durch Checks der Zahlung durch Geld vorzuziehen. Es kann unter Um-

ständen auch die Beweiskraft des Bankbuches von Belang werden. Durch die auf der Bank eingelösten und aufbewahrten Checks ist noch nach Jahren die erfolgte Zahlung nachzuweisen, was bei Zahlungen durch bares Geld nicht immer möglich ist, da hier sehr oft Quittungen nicht gegeben oder gegebene Quittungen verlegt oder aus Versehen vernichtet werden.

Zur Erleichterung des Zahlungsverkehrs tritt weiter das Moment der Verzinsung der deponierten Summe. Die Beträge, welche der Einzelne, um seine laufenden Ausgaben damit zu bestreiten, vorrätig hält, kann er direkt nicht einem Unternehmer zu dessen Zwecken zeitweise überlassen. Sie sind von zu geringem Betrage, sie müssen zu rasch wieder zurückgezogen werden, er kann also auf diese Weise keinen Ertrag daraus ziehen. Solche Kassenbestände in der Hand des Einzelnen sind daher ein unproduktives Vermögen; ehe sie verbraucht werden, liegen sie müfsig und verlieren in der Zwischenzeit den durch eine richtige Verwendung zu erzielenden Ertrag. Wenn diese Summen von vielen Einzelnen in der Hand eines ihre Kassa führenden Geldinstitutes sich vereinigen, verändern sie ihren Charakter, sie häufen sich zu einem sehr ansehnlichen Betrage an. Ein Teil davon, der noch immer sehr beträchtlich sein kann, wird erst in längerer Zeit zu den Ausgaben, denen er dienen soll, erforderlich. Bis dieser spätere Zeitpunkt eintritt, hat das betreffende Institut wieder neue Summen zu seiner Verfügung erhalten. Das Institut kann also von diesen Kassenvorräten verleihen, Zinsen dafür einnehmen. Dann ist aber im Grunde vom Kassenvorrat der Einzelnen etwas verliehen worden, und die Zinsen können ihnen im wesentlichen zufallen. Der Einzelne hat den Gebrauch an dem Kassenvorrat, insofern er jeder Zeit darüber verfügen kann, aber solange er nicht wirklich verfügt hat, wird ihm ein Zins zugestanden.

Noch eine Reihe anderer Vorteile bietet der Checkverkehr, die sich im wesentlichen darauf zurückführen lassen, dafs der Bankier dem Kunden, mit dem er in Verbindung steht, soweit es mit dem Geschäftsbetrieb leicht zu vereinbaren ist, sich gern gefällig und hilfreich zeigt. So kann der Kunde sich durch ihn einerseits das Inkasso von Checks, welche er an Stelle von Bargeld empfangen, von Anweisungen, von Wechseln, von Coupons u. dgl., andrerseits (natürlich nach Mafsgabe des vorhandenen Guthabens) die Einlösung seiner fälligen Wechsel, der geschuldeten Rechnungen wie die Erfüllung anderer Zahlungsverpflichtungen besorgen lassen. Dadurch, dafs ihm der Bankier unter günstigen Bedingungen Wechsel diskontiert und Effekten lombardiert, wird ihm terner die Geldbeschaffung erleichtert, wenn er Bedarf nach Leihkapital hat. Der Bankier ist auch bereit, seinen Kunden bares Geld, das er von denselben erhält, gegen die wünschenswerten Münzsorten im gleichen Wert umzuwechseln. Dadurch, dafs der Bankier resp. die Bank dem Checkkunden als Kassierer dient, gewinnt der Kunde mehr Zeit und mehr Ruhe, für diejenigen geschäftlichen Angelegenheiten, welche seine Hauptthätigkeit ausmachen, und für welche er berufsmäfsig vorgebildet ist. Die Bank wiederum besorgt das Zahlungswesen mit besonderer Virtuosität, und deshalb ist für jeden, der mit ihr in Berührung kommt, eine bequemere und sichrere Vollziehung der dabei notwendigen Geschäfte gegeben. Schliefslich kann man bei Aufzählung der privatwirtschaftlichen Vorteile, welche der Checkverkehr bietet, auch noch auf ein Moment hinweisen, welches vielfach von dem Contoinhaber aufser acht gelassen wird, dafs nämlich seine Bank über seine Person und seine Verhältnisse eine Auskunft erteilen kann, der jedermann ein gröfseres Vertrauen entgegenbringt, weil man voraussetzt, dafs einerseits die Bank bei ihrer hervorragenden Stellung in der Geschäftswelt nur nach bester Überzeugung sich ausspricht, und dafs sie andrerseits infolge ihrer beständigen Verbindung mit dem Kunden dessen Vermögensverhältnisse und geschäftliche Würdigkeit am genausten kennt. Solchen Garanten gleichsam zu besitzen, ist für den Geschäftsmann vom gröfsten Wert. Alle diese Leistungen, wenn sie auch nicht erhebliche Kosten für den Bankier verursachen, kann ihm nicht so leicht jemand zumuten, oder wenn man auch eine Vergütung wie beim Darlehn dafür entrichtet, so werden sie eben dem Kunden gegenüber regelmäfsiger geboten.

Was früher bezüglich des Zinsgenusses als rein privatwirtschaftlicher Vorteil betrachtet wurde, stellt sich an und für sich schon als volkswirtschaftlicher Nutzen dar. Denn wenn die Kunden der Banken für ihre Depositen Zins erhalten, so liegt diesem Zins eine wirkliche Vermehrung des Volksvermögens zu Grunde, derselbe wird aus dem Ertrag einer Produktion bezahlt, die durch das verliehene Kapital erst ermöglicht worden ist. Ferner aber ist es ein Vorteil für die Gesamtheit, dafs ein Teil des Metallgeldes von seiner Funktion als Zahlmittel zu dienen entbunden wird. Diese Verringerung des Geldgebrauchs wird durch den Checkverkehr in einem um so gröfseren Mafsstabe bewirkt, je mehr die dabei möglichen Vervollkommnungen durch Einführung von Umschreibungen, Kompensationen, Clearings zur Durchführung kommen. Wenn dann in diesem System nicht blofs die Zahlungen der Geschäftsleute, sondern auch die der Privaten Aufnahme finden und ihm angeschlossen werden, dann bleibt nur ein Geldgebrauch in geringem Mafsstabe übrig, und es kann sich der ganze gröfsere Zahlungsverkehr eines Landes durch Umschreibungen in den Bankbüchern und durch das Abrechnungsverfahren in den Clearinghäusern vollziehen, zumal wenn die hauptstädtischen Banken für die Provinzialbanken die Geschäfte auftragsweise mit besorgen. So könnten schliefslich durch das Check- und Liquidierungsverfahren alle gröfseren Schuldforderungen gegenseitig ausgeglichen werden, ohne dafs Bargeld in die Hand genommen zu werden brauchte. Das Geld würde in der Hauptsache nur noch als Wert- und Preismafsstab fungiren und seine Funktionen als Tausch- und Zahlmittel fast gänzlich verlieren. Was davon übrig bliebe, würde sich auf ganz wenige Gruppen von Verkehrsvorgängen beschränken. Einerseits nämlich können die ganz Besitzlosen nicht wohl in einen Verkehr mit einem Bankier treten, und so werden ihre Zahlungen doch immer im wesentlichen durch bares Geld sich vollziehen. Deshalb werden auch Zahlungen an solche Besitzlose, einfache Arbeiter und andere, kaum allgemein mittels Check vorgenommen werden können. Weiter werden auch die Inhaber eines Checkkontos Zahlungen von zu kleinem Betrag nicht mit Checks, sondern mit Bargeld bestreiten, weil hier die Arbeit der Ausstellung, der Buchung, der Verrechnung, welche sich bei jeder Zahlung mit einem Check ergiebt, in keinem angemessenen Verhältnis steht zur Gröfse des umgesetzten Betrags. Endlich werden die Inhaber von Checkkonten da, wo sie nicht bekannt sind, z. B. auf Reisen, bei öffentlichen Kassen u. s. w., mit barem Geld zu zahlen sich genötigt sehen. Von einem vollständigen Verschwinden des konkreten baren Geldes kann also auch bei ausgedehntem Checkgebrauch nicht die Rede sein, wohl aber wird die Notwendigkeit, bares Geld zu gebrauchen, namentlich dadurch unbedeutend, dafs die allergröfsten gewichtigsten Zahlungen nicht mit Metallgeld vollzogen werden. Besonders zu beachten ist, dafs der Bedarf an barem Geld mit den wachsenden Umsätzen und dem gesteigerten Verkehr immer gröfser werden müfste und der Geldumlauf immer neuer Ergänzungen durch Metallproduktion bedürfte. Wenn das bare Geld in der Tauschfunktion nur in unbedeutendem Mafse benutzt wird, so muss dies die Heranziehung einer Menge von Edelmetall unnötig machen. Der Tauschwert des Edelmetalls wird daher nicht so gesteigert werden, wie bei vermehrtem Geldbedarf der Fall sein würde. Also wird der Tauschwert des Metallgeldes, der sich nach dem Tauschwert des Edelmetalls richtet, durch den Checkgebrauch ein stetigerer werden, so dafs das Geld in allen jenen Funktionen, bei denen man die Wertkonstanz erstrebt und teilweise voraussetzt, besonders vollkommen wirkt. Abgesehen davon ist jede Geldersparung die Ersparung eines wertvollen Gutes und mufs daher auf die Kapitalbildung günstig wirken. Denn was nicht zu Geldzwecken Verwendung findet, kann zur Vermehrung der Produktionsmittel benutzt werden und dient dadurch zur Bereicherung des Landes. Die Umwandlung des cirkulierenden Geldes in produktives Kapital vollzieht sich so, dafs die bei den Banken in Depots gegebenen Gelder den Unternehmungslustigen zur Verfügung gestellt werden. Durch den Checkverkehr wird auch, wie Knies bemerkt,[1]) die Gefahr einer Kreditkrisis insofern verringert, als der Gebrauch der Note in starkem Mafse entbehrlich gemacht wird. Wird nämlich die Banknote mit ihrer doppelten Natur nicht blofs als Geldforderungsschein, sondern auch als Cirkulationsmittel jedem Empfänger die gleichen Dienste leisten und je länger je lieber cirkulieren, und besonders bei Krisen eine

---

[1]) a. a. O. p. 278.

große Gefahr bilden, so ist dagegen der Check seiner wahren Natur nach nicht zur Cirkulation, sondern zur schnellen Realisierung durch Abhebung oder Aufrechnung bestimmt und somit das beste Agens eines gesunden Kreditsystems. Haben die vorhergehenden Ausführungen dargethan, daſs die Vorteile des Checkverkehrs sowohl nach der privat- als nach der volkswirtschaftlichen Seite hin von eminenter Wichtigkeit sind, so wollen wir uns jetzt mit der Frage beschäftigen, ob es auch Nachteile giebt, welche mit diesem Verkehr verbunden sein können. Diese fehlen nun allerdings nicht ganz. Gerade der Hauptvorteil, den solche Depositenbanken mit Checkverkehr haben, daſs sie nämlich das Geld, das sonst zu Zahlungszwecken vorrätig gehalten wird und müſsig liegt, zinsbar machen und der Produktion zur Verfügung stellen, führt auch wieder den Hauptnachteil herbei. Denn beim Ausleihen können die Banken unvorsichtig verfahren, Verluste erleiden und damit ungeheure Werte zur Zerstörung bringen, also nicht bloſs die Einleger schwer schädigen, sondern auch dem ganzen Volkswohlstand empfindliche Nachtheile zufügen. Man muſs jedoch diese Gefahr nicht überschätzen. Für ruhige Zeiten ergeben die Beobachtungen und Erfahrungen, welche man aus einer statistischen Regelmäſsigkeit zieht, für eine gut geleitete Anstalt ein Mittel, jegliches Risiko abzuwenden. Die einzige Voraussetzung der Solidität eines solchen Instituts ist selbstverständlich, daſs es seine Gelder nur gegen genügende Sicherheiten und zu produktiven Zwecken verleiht.

Als eine fernere Unvollkommenheit des Checks kann es auch angesehen werden, daſs derselbe Fälschungen unterliegt und Betrug durch ihn geübt werden kann.[1]) Um eine der Formen des Betrugs, welche in der Litteratur angeführt werden, zu erwähnen, so meinen einige Schriftsteller, der Besitzer eines Guthabens könne für den Betrag desselben einen Check mehrere Male ausstellen und es könne ihm dabei gelingen, obgleich nur einer wirklich eine Deckung

---

[1]) Einer Fälschung der Checksumme dürfte dadurch erheblich vorgebeugt werden, daſs am rechten Rande des Checks eine Kolonne runder Zahlen angebracht wird, von welcher der Aussteller desselben all diejenigen abzuschneiden hat, welche die Checksumme übersteigen. cf. z. B. das bei Kuhlenbeck a. a. O. auf S. 42 zum Abdruck gebrachte Checkformular.

habe, doch alle zu verwerten. Bei der grofsen Lebhaftigkeit, welche vielfach in den Bankgeschäften herrsche, sei es nämlich möglich, dafs die Checks auf verschiedenen Wegen den Instituten gleichzeitig angeboten würden. So könne der Kassirer, welcher das Geld für die der Bank zur Einkassierung gegebenen Wechsel bekommt, den Check in Zahlung eines Wechsels empfangen, dann könne dem gewöhnlichen Kassierer ein zweiter Check, der nochmals auf dasselbe Depot gezogen sei, zur Auszahlung präsentiert werden. Ferner sei es möglich, dafs auch der Depositen-Kassierer ein drittes Exemplar in Depot nehme und endlich dürfte es vorkommen, dafs der Kassenbote bei der Zahlung eines Wechsels Checks in Zahlung bekomme und darunter könne wieder ein in der angegebenen Weise ungedeckt bleibender sich befinden. Auf diesen Nachteil des Checks, dafs mit seiner Hilfe Betrug stattfindet, kann aber leicht zu viel Gewicht gelegt werden. Allerdings ist im ganzen Verkehrsleben der Unwahrheit und der damit sich verbindenden Übervorteilung ein grofser Spielraum gelassen, aber es ist beim Check, gerade weil derselbe seiner Natur gemäfs so rasch wieder verschwindet, eine Entdeckung der Unrichtigkeit besonders leicht und dadurch wird die Gefahr für den Betrüger eine sehr grofse, die ihn deshalb meistens zurückschreckt. So erscheint insbesondere das Beispiel, welches wir eben nach dem Holländer Hulshoff[1]) angeführt haben, etwas künstlich ausgedacht, während in Wirklichkeit sich doch die verschiedenen Kassierer bei dem Buchhalter informieren werden, ob ein Guthaben des betreffenden Kunden besteht, und auch der Fall wird wohl in Wirklichkeit nicht vorkommen, dafs der Kassenbote von unsicheren oder unbekannten Personen Checks an Zahlungsstelle annimmt. Es wird noch eine andere Art von Betrug erwähnt, das sogenannte Kitting des Checks.[2])

---

[1]) cf. Hulshoff „De cheque uit een econ. en jurid. oogpunct beschouwd". Amsterdam 1870 p. 25.

[2]) Das namentlich in Holland übliche, aber auch in England nicht unbekannte Kitting des Checks ist ein der Wechselreiterei verwandtes Manöver, das von zwei Kunden verschiedener Bankiers ausgeführt wird. Dieselben stellen sich wechselseitig Checks aus, welche dann durch Einzahlung auf die eigenen Konti zur Vergröfserung der Bankguthaben verwendet werden. Wenn dieser Betrug auch hin und wieder gelingt, so wird er natürlich bald

Man kann ruhig zu dem Schluſs gelangen, daſs die Nachteile des Checkverkehrs gegenüber den Vorteilen, welche derselbe bietet, minimale sind. Bisher aber genieſsen in Deutschland, wie wir bereits im zweiten Abschnitt unserer Arbeit angeführt, nur diejenigen Personen diese Vorteile, welche ein Bankkonto haben. Das sind nur solche, die eine höhere gesellschaftliche Stellung einnehmen oder aber durch einen groſsen Geschäftsverkehr dem Bankier einen entsprechenden Vorteil in Aussicht stellen. Die Sparkasse dagegen, welche gewohnt ist, mit vielen kleinen Beträgen zu rechnen und groſse Resultate aus Faktoren entstehen sieht, die für sich vereinzelt, nur unbedeutend sind, auch hauptsächlich den Gesichtspunkt im Auge hat, für die Interessen ihrer Einleger einzutreten, wird eine solche Engherzigkeit nicht zeigen und auch die breiten Massen des Volkes an den Vorteilen des Checkverkehrs teilnehmen lassen.

Wie mannigfach die Verhältnisse sind, welche bei einer solchen Ausdehnung des Checkgebrauchs berührt werden würden, möge durch einige Beispiele Veranschaulichung finden.[1])

Der Barerlös, welchen der Handwerker im Laufe des Tages erhebt, der Gehalt, den der kleine Beamte oder der Offizier monatlich oder vierteljährlich bezieht, die Zinsen, welche der mäſsig begüterte Rentier in gröſseren Posten einnimmt, die Einnahme des Landmanns aus Getreide- und Viehverkauf, überhaupt die Erträgnisse jeder Art von Betriebsamkeit würden bereitwillig von der Sparkasse angenommen und ebenso bereitwillig gegen die ausgestellten Checks wieder zurückgeleistet werden. Nur kleine Beträge brauchten zur Deckung des täglichen Hausbedarfs zurückgehalten zu werden. Man würde nicht mehr einen verhältnismäſsig groſsen Barbestand zu Hause zu halten brauchen, um den regelmäſsigen, oft auch unregelmäſsigen und nicht vorherzusehenden Zahlungspflichten zu

---

entdeckt, und die Banken warnen einander vor solchen Betrügereien; erfahrene Bankbeamte werden sich überhaupt gegen diese Art des Betruges zu schützen wissen. cf. Hulshoff a. a. O. p. 26.

[1]) cf. auch die a. a. O. erwähnten Rundschreiben der Oldenburgischen Spar- und Leihbank, sowie das in Anlage 1 abgedruckte Schreiben des Bürgermeisters v. Bock.

genügen. Die Ausgleichung der wöchentlich oder monatlich eingehenden Rechnungen, z. B. die Zahlung der Schulden beim Bäcker, Schlächter u. s. w. würde durch Übergabe von Checks erfolgen. Die Vorteile des Checkverkehrs könnten nicht nur von den Städtern, sondern auch von den Landleuten voll ausgenutzt werden. Macht z. B. der Bauer gröfsere Einkäufe in der Stadt, so nimmt er kein Geld, sondern das Checkbuch mit und füllt an Ort und Stelle den Check mit dem ausgemachten Betrage aus, so dafs ein Verlust des Geldes auf dem Wege wie auch das lästige und zeitraubende Geldzählen hinfällig wird.

Wir sehen so, dafs die früher geschilderten Vorteile des Checkverkehrs sich auch bei Einführung desselben in dem Sparkassenbetrieb zeigen würden. Man könnte sogar die Behauptung aufstellen, dafs dieselben zum Teil in verstärktem Mafse zutreffen würden. Ist doch der kleine Privatmann weit weniger geschickt im Geldverkehr als der grofse Geschäftsmann und entbehrt er doch auch sehr häufig des geeigneten Verschlusses für seine Barschaften. Als besonderer Vorteil für den weniger Bemittelten könnte auch noch in Betracht kommen, dafs er sich aus der Sparkasse alle diejenigen Münzsorten verschaffen kann, welche ihm in jedem einzelnen Fall am wünschenswertesten dünken.

Kommen wir nun zur Frage, wie es sich mit den volkswirtschaftlichen Vorteilen des Checkverkehrs bei Praktizierung desselben durch die Sparkassen verhalten würde, so bemerken wir folgendes: Beschränkte sich bisher das Checksystem hauptsächlich auf die Vermittlung und Ausgleichung gröfserer Zahlungen, so würde die Einführung dieses Verkehrs bei den Sparkassen die Vermittlung einer ungeheuren Menge kleinerer Zahlungen herbeiführen. Grosse Beträge ferner, welche bisher tot in den Taschen und Kasten der betreffenden Besitzer ruhten, würden nutzbar gemacht werden. Bleibt doch gerade in den Händen der kleinen Leute viel Geld müfsig liegen, während der Bemitteltere alles, was er entbehren kann, zinsbar anzulegen bemüht ist. Die Einführung des Checkverkehrs bei den Sparkassen würde so von grofsem Nutzen für die Volkswirtschaft sein und unseren Geld- und Kreditverkehr wesentlich ökonomischer gestalten.

Dagegen würden die Nachteile des Checkverkehrs bei den Sparkassen unbedeutend sein, weil es sich hier um Institute handelt, welche nur solide Anlagen machen. Auch die Fälschung der Checks wird bei den Sparkassen weniger häufig vorkommen, da sie einen einfacheren Geschäftsbetrieb haben. Wie die Verhältnisse in Deutschland liegen, ist nur durch die Benutzung der Sparkassen das Resultat zu erzielen, das in Grofsbritannien bereits verwirklicht ist vermöge der dortigen Banken, die sich ausschliefslich dem Checkverkehr widmen. In England, Schottland und auch in Irland herrscht selbst in den kleinsten Provinzialstädten und etwa nicht nur bei den einzelnen Geschäftsleuten die Gewohnheit, den gröfsten Teil der Barmittel im Depot eines Bankiers zu haben und über dieselben vermittelst Checks zu verfügen. In Schottland besitzt sogar jeder nur einigermafsen Bemittelte seine laufende Rechnung bei der Bank. 13 grofse Anstalten haben dort über 600 Filialen netzartig über das ganze Land gelegt, so dafs auf je 5000 Seelen eine Bankanstalt kommt. Die schottischen Banken erfüllen so, wie Jevons sagt, durch Annahme kleiner Depositen fast alle Aufgaben der Sparkassen.[1]) Für unsere deutschen Verhältnisse können wir uns aber nicht an die Bankiers halten, da sich dieselben bei uns nicht so gruppiert haben, wie es in England der Fall ist, und nicht wie dort eine Basis bieten, auf welcher der Checkverkehr sicher ruht. In England ist die Gruppierung in der Weise erfolgt, dafs eine Trennung stattgefunden hat in local bankers und foreign bankers.[2]) Die ersteren sind sozusagen die Kassierer ihrer Kunden, sie besorgen für dieselben sämtliche Ein- und Auszahlungen, nehmen deren Depositen auf Checkkonto und verwenden die erhaltenen Summen dazu, sie im Kontokorrent-Verkehr an andere vorzuschiefsen, gute kaufmännische Wechsel zu diskontieren und sichere Wertpapiere zu lombardieren. Die Foreign-bankers beschäftigen sich dagegen mit der Finanzierung von Staatsanleihen, mit dem Handel mit ausländischen Wechseln, mit Arbitragegeschäften, wie überhaupt mit

---

[1]) „Geld und Geldverkehr." Leipzig 1876 p. 305.
[2]) cf. E. Seyd „Das London Bank-. Check- und Clearinghouse-System". Deutsch von Sjöström, Leipzig 1874 p. 5 u. 6.

Finanzoperationen aller Art. Die deutschen Bankiers besorgen nicht blofs Zahlungsgeschäfte, sondern sie lassen sich auch in gefahrvolle Unternehmungen ein und führen oft durch unsolide Verwendung der ihnen anvertrauten Gelder zu Differenzgeschäften, leichtsinniger Kreditgewährung, Finanziierung von ungesunden, kaufmännischen und gewerblichen Unternehmungen ihre Fallissements herbei. Ist so bei uns das für eine Depositenbank angemessene Geschäft von der Spekulation nicht streng geschieden und treiben unsere Bankiers oft gefahrvolle Geschäfte, welche sich für eine solche Anstalt nicht schicken, so dürften sie nicht geeignet sein, die Privaten zum Depot ihrer Ersparnisse zu ermutigen. Solide geleitete Banken dagegen, welche bezüglich des Checkverkehrs auch auf den kleinen Geschäftsmann Rücksicht nehmen, wie die erwähnten Banken in Oldenburg und Osnabrück, sind als ganz seltene Ausnahmen zu bezeichnen. Überdies bestände die Gefahr, dafs wenn das kleinere Publikum gewöhnt würde, seine Ersparnisse bei Banken anzulegen, dasselbe sich auch an unsolid geleitete wenden würde. Dann könnte dasselbe leicht zu Börsengeschäften verführt werden, gehört doch die Vermittlung solcher Geschäfte auch zu dem Thätigkeitskreis dieser Bankiers. Trotzdem wir demnach keinen überall zuverlässigen, soliden und leicht erreichbaren Bankierstand besitzen, so könnten wir doch unserer unter dem Zeichen der Arbeitsteilung vor sich gehenden Entwicklung entgegenkommen und uns die Wohlthaten eines ausgebildeten Checkverkehrs dadurch verschaffen, dafs wir diesen bei den Sparkassen einführen. Für Einführung des Checkverkehrs bei diesen Instituten spricht auch noch der Umstand, dafs gerade der Sparsinn, dessen Pflege und Förderung die Hauptaufgabe der Sparkassen bilden soll, durch den neuen Verkehr in bedeutendem Mafse angeregt würde.[1]) Ist doch die Verausgabung durch Hingabe von barem Geld aus der Tasche leichter als die indirekte Verausgabung durch Unterschrift und Hingabe eines Checks,

---

[1]) Auf der früher erwähnten Vorstandsversammlung des deutschen Sparkassen-Verbandes vom Juni 1885 wurde diese Ansicht von den Bürgermeistern v. Bock und Möllmann, sowie von dem Direktor der Bremer Sparkasse Claussen vertreten. cf. „Sparkasse" No. 81 p. 3 u. ff.

wird doch derjenige, welcher Buch über seine Einnahmen und Ausgaben führt, wie es beim Checkverkehr notwendig ist, weniger leichtsinnig, vielmehr sparsamer wirtschaften wie derjenige, welcher den erhaltenen Lohn, das Monats- oder Quartalsgeld in das Schubfach wirft und daraus seine Einnahmen ohne weitere Selbstkontrolle bestreitet. Auch wird mancher Groschen, der jetzt ausgegeben wird, weil sich gerade eine sogenannte günstige Gelegenheit bietet, erspart werden. Der Checkverkehr dürfte so ein Palliativmittel gegen verschwenderische Ausgaben bilden, indem sich viele Personen angesichts ihres vorhandenen Barbestandes leichter zu unnützen Ausgaben verleiten lassen, als wenn sie denselben im Depot eines Dritten haben und erst durch eine Anweisung darüber verfügen können.

Wenn die Sparkassen den Checkverkehr einführen, so ist ja nicht zu leugnen, dafs sie anders werden, als sie bisher gewesen sind, aber diese Veränderung ihres Charakters besteht nur in einer Veränderung der Form, in welcher sie ihr Geschäft betreiben; der Zweck, den sie verfolgen müssen, bleibt gerade der nämliche, sie sollen die unteren Schichten der Bevölkerung an Sparsamkeit gewöhnen und dazu Anreiz geben. In verschiedenen Zeiten wird der nämliche Zweck durch ungleiche Mafsnahmen erreicht, und gerade in der Veränderung des Geschäftsbetriebs liegt deshalb hier die Festhaltung des ursprünglichen Zwecks. In der früheren Zeit hat die Ersparung der unteren Klassen darin bestanden, dafs sie kleine Beträge zurücklegten und dadurch allmählich sich ein Vermögen bildeten, für ihre Zukunft sorgten, ihren Angehörigen ein kleines Kapital ansammelten. Heute besteht die Sparsamkeit der arbeitenden Klassen mehr darin, dafs sie ihre Einkünfte auf eine richtige Weise für ihren Verbrauch ausnutzen, damit sie nicht in einem Zeitpunkt verschwenden, in einem anderen Zeitpunkt auf Kredit leben müssen. Der Checkverkehr würde sie an Berechnung und Gleichmäfsigkeit der Lebensweise gewöhnen, und wenn er auch nicht eine Enthaltung vom Verbrauch im ganzen, eine Verminderung des gesamten Verbrauchs bewirkt, wie die alte Sparkasse es unterstützte und herbeiführte, so führt er doch zur richtigen Verteilung des Verbrauchs, verringert diejenigen Einzelausgaben, welche die unzweckmäfsigeren wären und eine solche Vermeidung gerade nur der unnötigen Ausgaben erscheint doch als die wichtigste Form der Sparsamkeit. Die Gründe, welche gegen die Einführung des Sparkassen-Checkverkehrs geltend gemacht werden, lassen sich nach drei Gesichtspunkten hin gruppieren: Es werden Bedenken erhoben vom volkswirtschaftlichen, vom administrativen und vom juristischen Standpunkt. Haben wir vorher die Meinung ausgesprochen, dafs der neue Verkehr anregend auf die Sparthätigkeit wirken würde, so findet man andrerseits die Ansicht vertreten, dafs dieselbe gerade dadurch leiden würde, dafs die Geldabhebungen erleichtert würden, und dafs der Checkverkehr überhaupt ungünstig auf die Sparkassenkunden einwirke. Diese Einwendungen[1]) sind übrigens, wie wir hinzufügen müssen, von der Ansicht ausgegangen, dafs über alle Spareinlagen durch Checks verfügt werden kann, während dies ja nicht im Wesen der Sache liegt, sondern die Einlagen, über welche durch Checks verfügt werden soll, von den übrigen getrennt gehalten werden können. Wenn man das festhält, so hat es nichts Bedenkliches, dafs ein Teil der Sparkassen-Einlagen auch rasch wieder zurückgezogen wird, denn man mufs sich vergegenwärtigen, dafs nicht alle diese Einlagen aus denselben Motiven hervorgehen. Mancher Teil der Einlagen ist mit Recht dazu bestimmt, rasch zurückgezogen zu werden, während andere Einlagen allerdings für eine längere Anlage reserviert werden sollen. Für das, was nur zur vorübergehenden Anlage der Sparkasse überlassen ist, erscheint eine erleichterte Abhebung ganz angemessen. Der wahre Wert des Sparens besteht eben nicht darin, dafs die notwendigste Konsumtion eingeschränkt wird, sondern er ist vielmehr darin zu suchen, dafs die Haus- und Lebenshaltung von wirtschaftlichen Gesichtspunkten aus geführt wird. In enger Beziehung mit dem erörterten steht derjenige Einwurf, dafs der Checkverkehr überhaupt ungünstig auf die Sparkassen-Kunden einwirke, ein Einwurf, welcher seiner Zeit auf der Generalversammlung des deutschen Sparkassenverbandes zu Osnabrück im Jahre 1885 gemacht wurde.

[1]) Von den Bürgermeistern Lehr-Duisburg und Lange-Bochum vorgebracht.

Die ärmere Bevölkerung wisse, hieſs es damals, noch gar nicht mit dem Check umzugehen und wenn sich das allmählich auch durch die Übung bessern werde, so wären doch für solche Leute auch wiederum Gefahren damit verknüpft, welche viel schädlicher wirken würden. Eine Reihe von unreellen Geschäftsleuten würden die Sparkassenkunden schon zur Unterschrift und Übergabe des Checks veranlassen und die Ausfüllung der Summe selbst übernehmen oder sonst in irgend einer Weise die Dummheit der Leute auszubeuten wissen.[1]) Nun benehmen sich aber erfahrungsgemäſs gerade die unteren Klassen, wenn sie im Besitz einer kleinen Summe sind, im Umgang mit Geld sehr vorsichtig. Aufserdem pflegen leichtsinnige Leute überhaupt nicht in eine regelmäſsige Verbindung mit einer Sparkasse zu treten. Unvorsichtige Menschen werden sich schlieſslich durch Hingabe von Sparkassenbüchern oder durch ungeschicktes Verfahren mit dem Gelde, das sie aus der Sparkasse entnommen haben, ebenso gut übervorteilen lassen als durch Ausstellung von Checks. Man wird auch hier sagen müssen, daſs man sich im Verkehr mit Geld und Geldeswert nur dann vor Schaden bewahren kann, wenn man immer auf der Hut ist.

Übrigens wäre auch etwaigen gröſseren Benachteiligungen der Sparkassenkunden dadurch ein Riegel vorgeschoben, daſs die Eröffnung eines Checkkontos von der Einwilligung der Verwaltung abhängig gemacht und natürlich nur dispositionsfähigen Leuten bewilligt wird, welche des Schreibens und Lesens vollkommen kundig sind. Die fernere Kautele der Kündigung eines Checkkontos würde endlich den Abbruch den Verkehrs mit denjenigen Leuten ermöglichen, bei denen es sich erst nach Eröffnung des Kontos herausstellt, daſs sie sehr ungewandt sind, sich Fehler zu schulden kommen lassen.

Ein weiterer Einwand macht geltend, daſs die Einrichtung des Checkverkehrs sich nicht mit den Aufgaben einer Sparkasse vertrage, ihr den Charakter einer Bank aufdrücke.[2]) Es ist aber ein gründliches Miſsverständnis der Sache, wenn von den Verwaltungen der Sparkassen „immer und immer

---

[1]) cf. Heyden in No. 80 p. 3 der „Sparkasse".
[2]) cf. die auf p. 25 erwähnte Auslassung des Berliner Magistrats.

wieder behauptet wird", diese Institute „dienten keinem andern Zweck als dem, die Ersparnisse der kleinen Leute aufzusammeln".[1]) In Wahrheit dienen schon jetzt die Sparkassen in der Hauptsache nicht mehr diesem Zweck.[2]) Man kann gegen die Einführung des Checkverkehrs nicht den Grund geltend machen, dafs damit der ursprüngliche Charakter der Sparanstalt verändert wird, denn dieser Charakter ist schon seit längerer Zeit nicht mehr vorhanden und die Sparkassen haben, wenn auch nach anderer Richtung, neuen Aufgaben und Geschäftsthätigkeiten neben der ursprünglichen in ganz überwiegendem Mafs sich gewidmet.

Diese Thatsache, dafs das Ansammeln von Ersparnissen für die kleinen Leute schon heute nicht mehr die Hauptthätigkeit der Sparkassen bildet, wird meist verkannt, weil man zu einseitig blofs aufmerksam ist auf die Zahl der Sparkassenbücher, die über kleine Beträge lauten, während es doch ankommt auf die Verhältniszahl, wie die Gesamtsummen, die in den Sparkassen zusammenfliefsen, mit verschiedener Zweckbestimmung eingeliefert worden sind.

Man macht z. B. geltend, dafs am Ende des Rechnungsjahres 1888 in Preufsen mehr als 3 850 000 Sparkassenbücher über weniger als 600 Mk. lauten,[3]) übersieht aber ganz, dafs diese grofse Mehrzahl kleinerer Guthaben kaum 23% der Gesamtkapitalien ausmachen und dafs die übrigen Einlagen mehr oder minder den besser situierten Klassen angehören.[4]) Einige Ziffern mögen hierfür als Belege dienen.[5])

---

[1]) cf. Laves a. a. O. S. 262 u. ff.

[2]) „Es ist hiernach unzweifelhaft, dafs die Sparkassen nicht überall ihrer ursprünglichen Bestimmung, die Sparpfennige des kleinen Mannes zu sammeln und zinsbar anzulegen, getreu geblieben sind, sondern dafs ein erheblicher Teil aus Depositen gröfserer Kapitalisten ..... herrührt." Zeitschr. d. Königl. Preufs. Statist. Bur. Bd. XXII S. 277.

[3]) Von den 5 029 174 Büchern, deren Einlagebetrag angegeben war, lauteten:

im Jahre	auf Einlagen bis zu 60 Mk.	auf über 60 bis 150 Mk.	auf über 150 bis 300 Mk.	auf über 300 bis 600 Mk.	auf über 600 Mk.
1888	28,78%	17,12%	15,10%	15,44%	23,56%

Evert a. a. O. p. 10.

[4]) Die Einleger, welche über Guthaben von mehr als 600 Mk. verfügen, besitzen 23,8% der Sparkassenbücher und über 77% der Einlagen.

[5]) cf. Evert a. a. O. passim.

Die Durchschnittseinlage für ein Sparkassenbuch betrug z. B. in Westfalen 1186,84 Mk., in Schleswig-Holstein 856,35 Mk., in Rheinland 707 Mk., in Hannover 667,91 Mk. Von 100 klassifizierten Büchern lauteten auf Einlagen über 600 Mk. in Westfalen 38,27, in Schleswig-Holstein 28,15, in Rheinland 29,98, in Hannover 25,16, auf Einlagen über 300 bis 600 Mk. 16,69, resp. 13,12, resp. 16,68, resp. 15,29%. Da nun die Einlagen bis zu 60 Mk. 16,29, resp. 29,87, resp. 22,77, resp. 22,87% ausmachten und sehr oft auf eine Familie mehrere Sparkassenbücher entfallen — kommen doch z. B. in der Provinz Schleswig-Holstein auf 100 Einwohner 33,86 Sparkassenbücher —, so geht klar hervor, dafs die Einlagen, welche die Summe von 600 Mk. übersteigen, ziemlich hohe sein müssen. Diese Thatsache fällt noch mehr ins Auge, wenn man das statistische Material betrachtet, welches uns aus den einzelnen Regierungsbezirken der Provinzen Westfalen und Rheinland vorliegt.[1]) Im Regierungsbezirk Münster betrug z. B. die Durchschnittseinlage für ein Buch 1213,88 Mk., auf 100 Bücher kamen mit Einlagen über 600 Mk. 39,18%, die Angaben für die Regierungsbezirke Minden und Arnsberg lauteten auf 1232,79 resp. 1156,02 Mk. und auf 37,52 resp. 38,43%. In dem letzteren Regierungsbezirk machte dabei die Zahl der Sparkassenbücher, welche auf Einlagen bis zu 60 Mk. lauteten, sogar 17,39% aus. Bezüglich

---

[1]) Zu bemerken ist, dafs sich das durchschnittliche Guthaben, welches hier für die einzelnen Bezirke angegeben wird, für „kleinere Kreise" noch viel höher beläuft. So beträgt dasselbe nach Ausführungen Dullos auf dem vierten Sparkassentag zu Magdeburg im Jahre 1887, Beilage zu No. 135 der „Sparkasse" für die Kreissparkassen in Westfalen 1314, für die Kreissparkassen in Arnsberg 1358, für die Gemeindesparkassen in Westfalen 1462, für die Gemeindesparkassen in Arnsberg 1548 und für die Gemeindesparkassen in Minden 1887 Mk. —

Was die süddeutschen Verhältnisse betrifft, so ist darauf hinzuweisen, dafs am Ende des Rechnungsjahres 1889 die Gemeindesparkassen der badischen Kreise Konstanz und Waldshut ein Durchschnittsguthaben von 1512 bezw. 1419 Mk. aufwiesen. Einzelne der diesen Kreisen angehörenden 12 resp. 5 Kassen zeigten besonders hohe Ziffern in ihren Durchschnittsguthaben, so Heiligenberg mit 2203, Überlingen mit 1930, Möhringen mit 1892, Salem mit 1747, Stühlingen mit 1672, Engen mit 1593, Bonndorff mit 1566 Mk. Die in den Kreisen Villingen und Freiburg gelegenen Gemeindesparkassen zeigten ein Durchschnittsguthaben von 942 Mk. Vgl. „Die Sparkassen im Grofsherzogtum Baden im Jahre 1889", pag. 10 u. ff.

der Rheinprovinz wollen wir noch mitteilen, dafs dort die Durchschnittseinlage für ein Buch im Regierungsbezirk Aachen 714,10 Mk. betrug und dafs die Sparkassenbücher mit Einlagen über 600 Mk. 35,73, mit Einlagen über 300 bis 600 Mk. 25, mit 150 bis 300 Mk. 12,22, mit 60 bis 150 Mk. 13,12 und bis 60 Mk. 24.68% ausmachten. Was die Gesamteinlagen der Sparkassen[1]) betrifft, so beliefen sich solche in Westfalen auf 505 221 592,60 Mk., in Rheinland auf 392 234 459,01 Mk., in Schleswig-Holstein auf 333 526 013,45 Mk., in Hannover auf 404 443 614,068 Mk. Der Zuwachs an Spareinlagen[2]) gegen das Vorjahr betrug 1888 – 89 in Westfalen 26,94 Millionen Mark, in Rheinland 26,80 Millionen Mark, in Hannover 25,41 Millionen Mark. „Die Sparthätigkeit ist", wie man sieht, „am stärksten in Bezirken mit wohl-

---

[1]) Gesamtbeträge der Sparkasseneinlagen in Preufsen zu Ende des Jahres 1888 bezw. 1888/89.

Staat und Provinzen	Spareinlagen
A. Gesamt-Staat	2 889 268 342.90
B. Provinzen:	
I. Ostpreufsen	47 264 513.74
II. Westpreufsen	43 441 748.90
III. Stadtkreis Berlin	112 970 001.97
IV. Brandenburg	178 477 233,84
V. Pommern	129 793 457.23
VI. Posen	36 615 887.79
VII. Schlesien	237 446 843,93
VIII. Sachsen	331 712 089.99
IX. Schleswig-Holstein	333 526 013,45
X. Hannover	404 443 614,68
XI. Westfalen	505 221 592,60
XII. Hessen-Nassau	128 605 083,15
XIII. Rheinland	392 234 859,01
XIV. Hohenzollern	7 495 402,62

[2]) Gegen das Jahr 1887/88 betrug der Zuwachs an Spareinlagen

	Mill. Mk.		Mill. Mk.
in Ostpreufsen	6.39	in Sachsen	27,75
in Westpreufsen	2.89	in Schleswig-Holstein	19.10
in Berlin	14,93	in Hannover	25,41
in Brandenburg	20,21	in Westfalen	26,91
in Pommern	9,91	in Hessen-Nassau	10.07
in Posen	4.04	in Rheinland	26,80
in Schlesien	21.95	in Hohenzollern	0,77

habender bäuerlicher Bevölkerung wie in Schleswig-Holstein und den benachbarten niedersächsischen Gebieten oder in solchen mit grofser Industrie wie in einigen rheinisch-westfälischen Bezirken."[1]) Im nordwestlichen Deutschland, so in Schleswig-Holstein, Hannover, der Rheinprovinz und Westfalen ist für den dortigen Bauer die Sparkasse eigentlich eine Hypothekenbank. Für selbständige Anlagen in Gewährung von Bodenkredit ist er nicht geschäftsgewandt genug und vor der Anlage seiner Gelder in Wertpapieren schreckt er zurück, da er die verschlagenen Grofsstädter im Börsenverkehr fürchtet und ihm die Wertschwankungen der Papiere unverständlich bleiben.[2])

Als ein weiterer Einwand gegen die Einführung des Checkverkehrs bei den Sparkassen wird geltend gemacht, dafs dieselben in kritischen Zeiten in die Unmöglichkeit versetzt werden könnten, ihren Verpflichtungen nachzukommen, oder dafs sie doch in solchen Fällen, wenn sie sich um jeden Preis Barmittel verschafften, durch einen Verkauf ihrer Anlagen sehr schwere Verluste erleiden würden.[3]). Einwürfen dieser Art wird aber die Spitze abgebrochen, wenn ein Teil der Fonds in leicht realisierbarer Weise angelegt wird, und wenn für die Abhebung höherer Einlagen eine Kündigungsfrist verlangt wird, welche in Notfällen verlängert und auf kleinere Guthaben ausgedehnt werden kann. Die Eventualität einer solchen Verlängerung und Ausdehnung der Kündigungsfrist ist schon heutzutage in den Statuten vieler Sparkassen vorgesehen.[4])

---

[1]) cf. Evert a. a. O. p. 13.
[2]) cf. Laves a. a. O. p. 263.
[3]) cf. die Auslassung des Berliner Magistrats auf p. 25.
[4]) In den „Satzungen für die städtische Sparkasse Heidelberg" vom 15. Juni 1881 heifst es z. B. im § 12: „Für den Fall, dafs die Sparkasse aus irgend welchen Ursachen durch viele Kapitalkündigungen auf einmal stark in Anspruch genommen werden sollte, kann die Verwaltung durch Stadtratsbeschlufs ermächtigt werden, die zurückgeforderten Einlagen in der Weise zurückzuzahlen, dafs für Summen von über 100 Mk. bis 500 Mk. die Kündigungsfrist auf 2 Monate, für über 500 bis 5000 Mk. auf drei Monate und für gröfsere Beträge auf vier Monate ausgedehnt wird, jedoch werden Rückzahlungen von $1/10$ der Einlage auf Verlangen sofort zurückgezahlt." In gewöhnlichen Zeiten werden bei dieser Anstalt Guthaben bis zu 200 Mk. laut Statut und solche bis zu 1000 Mk. nach einer langjährigen Praxis ohne vorhergegangene Aufkündigung zurückbezahlt. —

Man hat endlich noch bemerkt, dafs die Sparkassen nach Einführung des Checkverkehrs, weil sie verhältnismäfsig mehr Geld vorräthig zu halten haben, nicht einen so hohen Zinsfufs als bisher zahlen können. Wir haben hier aber festzuhalten, dafs sich diese Herabsetzung des Zinsfufses immer nur beziehen kann auf die Gelder, die übergeben wurden, um durch Checks darüber zu verfügen, dafs für die anderen Einlagen der alte Zinsfufs beibehalten werden kann. Was nun diese Einlagen mit niedrigerem Zinsfufs betrifft, so müssen hier offenbar die Einleger den Dienst, den die Bank ihnen durch die Besorgung ihrer Kassengeschäfte leistet, höher schätzen als die Differenz im Zinsfufs. Diese wird sich ohnehin, weil nach unserer Annahme die Bereithaltung eines grofsen Barbestandes nicht nötig sein wird, gar nicht auf eine erhebliche Höhe belaufen.

Allen weiteren aus allzugrofser Ängstlichkeit hervorgehenden Bedenken gegenüber wollen wir schliefslich noch bemerken, dafs zur Heilung von allgemeinen Wirtschaftskrisen bisher noch kein Kraut gewachsen ist. Durch die Einführung des Checkverkehrs werden die Sparkassen kaum gröfseren Gefahren ausgesetzt, als ihnen bisher schon gedroht haben. Um einige Beispiele herauszugreifen wollen wir auf die Erschütterung der sächsischen Sparkassen im Jahre 1859[1]) und auf die Notlage der preufsischen Sparkassen im Jahre 1866[2]) hinweisen. Sollten also später eintretende Krisen nach Einführung des Sparkassen-Checkverkehrs diesem letzteren zur Last gelegt werden, so hiefse das eine falsche Ursache zur Erklärung der Erscheinung heranziehen.

Vom administrativen Standpunkt aus wird als Einwendung gegen die Einführung des neuen Verkehrs geltend gemacht, dafs nur ein ruhiger, gleichmäfsiger Sparkassenbetrieb in den Rahmen einer Gemeindeverwaltung passe. Wenn auch zuzugeben wäre, dafs die Sparkassen schon heute vielfach

---

[1]) cf. z. B. Heyden „Die Sparkassen-Gesetzgebung Deutschlands". Band 3. Königreich Sachsen p. 11.
[2]) cf. z. B. E. Engel „Ein Reformprinzip für Sparkassen. Gleichzeitig ein Vorschlag zur Abhülfe der Hypothekenkredit-Not". Zeitschr. des königl. preufs. statist. Bureaus VII 1867 S. 34 Spalte 2.

Kapitalien auf kürzere Zeit in Verwaltung hätten, so ständen diese doch immer auf einige Monate zur Verfügung der Anstalten. Bei Übernahme des Zahlungsgeschäfts für die Kunden würde dagegen ein grofser Teil der Bestände den Kassen nur für wenige Stunden oder höchstens Tage überlassen und durch den so vermehrten Verkehr der jetzige ruhige Geschäftsgang empfindlich gestört. Dafs allerdings durch die Einführung des Checkverkehrs und durch die dadurch bedingte Vermehrung der Geschäfte einige Beamte aus dem bisherigen gewohnheitsmäfsigen ruhigen Geschäftsgange recht unangenehm aufgeschreckt würden, wollen wir nicht bestreiten. Aber es darf die Aussicht auf einen etwas vermehrten Verkehr der Sparkasse nicht mehr vor einer grundlegenden Reform zurückschrecken. Will sie eben nicht hinter den wirtschaftlichen Fortschritten unserer Zeit gänzlich zurückstehen, will sie nicht an den alten Gewohnheiten hängen bleiben, so mufs sie bei Anwendung und Durchführung ihrer Verwaltungs-, Kredit- und Rechnungsprinzipien zu einer gröfseren Coulanz und einer gröfseren Beweglichkeit sich entschliessen.

Von einigen Seiten hat man noch stark betont, dafs durch eine notwendig werdende starke Vermehrung des Beamtenpersonals bei Einführung des neuen Verkehrs die Betriebskosten der Sparkassen sehr erheblich wachsen würden. Die Zahl der Beamten, meint man, würde nicht nur gröfser werden, sondern auch eine andere Art höher bezahlter, weil bankmäfsig geschulter Persönlichkeiten müsste Verwendung finden. Allein man übertreibt diese Befürchtung; denn die bisherigen Beamten würden sich an die neue Art ihrer Thätigkeit ohne grofse Schwierigkeiten gewöhnen, und eine solche Ausdehnung könnte der Checkverkehr schwerlich gewinnen, dafs ein viel gröfseres Personal dadurch erfordert würde, weil doch der Wirkungskreis der Anstalten immer lokal beschränkt bleibt. Schliefslich kann die Kostenfrage nicht der entscheidende Gesichtspunkt sein, wenn es sich darum handelt, einem bedeutenden wirtschaftlichen Bedürfnis abzuhelfen und etwas zu thun, was für die Sparkassen eine Frage der Fortexistenz werden kann. Es ist selbstverständlich, dafs jede Neuerung und jeder Fortschritt auch neue Schwierigkeiten verursacht, namentlich in der ersten Zeit der Durchführung, aber die Behörden als Vertreter der allgemeinen Interessen dürfen sich dadurch nicht zurückhalten lassen, immer nach dem Besseren zu streben.

Die Einwände schliefslich, welche vom juristischen Standpunkt erhoben werden, kommen in letzter Linie für uns in Betracht, da diese nicht von unsiegbarer Stärke sind, sondern wenn dazu eine wirtschaftliche Notwendigkeit vorhanden, durch Veränderung des bestehenden Rechtes sich beseitigen lassen.

Die deutsche Reichsgesetzgebung hat bisher noch kein Checkgesetz aufzuweisen.[1]) Lediglich im Wechselstempelgesetz vom 10. 6. 1869 findet sich im Absatz 2 Ziffer 1 des § 24 eine Erwähnung des Checks. Dort heifst es: „Befreit von der Stempelabgabe sind: — — die statt der Barzahlung dienenden, auf Sicht zahlbaren Platzanweisungen und Checks (d. i. Anweisungen auf das Guthaben des Ausstellers bei dem die Zahlungen desselben besorgenden Bankhause oder Geldinstitute), wenn sie ohne Accept bleiben."[2])

Aus dieser Bestimmung kann man nicht ableiten, dafs die Ausstellung von Checks auf Sparkassen unzulässig wäre. Denn dafs die Sparkassen Geldinstitute sind, d. h. doch

---

[1]) Die gesetzliche Regelung des Checkwesens ist besonders lebhaft von Koch und G. Cohn befürwortet. Im Jahre 1879 wurden von der Braunschweiger Handelskammer die Grundzüge eines Checkgesetzes aufgestellt. welchen die Handelskammer zu Mannheim einen Entwurf aus der Feder ihres Sekretärs, des Dr. Landgraf, entgegenstellte. Ein dritter Entwurf ging aus den Beratungen der zu Braunschweig versammelten Delegierten von elf deutschen Handelskammern hervor, und ein vierter vom Reichsbankdirektorium ausgearbeiteter gelangte im Dezember 1883 zur Veröffentlichung. In demselben Jahre beschäftigte sich der deutsche Handelstag und 1884 der 17. deutsche Juristentag mit der Frage, und beide Vereinigungen empfehlen die reichsgesetzliche Regelung des Checkwesens. Während des Druckes dieser Schrift ist nunmehr der Entwurf eines Checkgesetzes an den Bundesrath gelangt und von ihm in gesetzgeberische Behandlung genommen worden.

[2]) Die Reichsgesetzgebung ist der Einführung des Checks insofern günstig, als keine Steuer davon erhoben wird. Es ist aber zu bemerken, dafs die Erhebung einer Stempelabgabe auf Checks kein absolutes Hindernis für den Gebrauch derselben bildet. Der Beweis dafür liegt in England vor, das einen solchen Stempel erhebt. Es mufs dabei berücksichtigt werden, dafs der Checkstempel in England weniger nachteilig wirkt, weil hier daneben noch ein Quittungsstempel auf Rechnungen besteht. Bei der Zahlung mittels Checks wird das Einfordern einer Quittung erspart, so dafs doch keine gröfsere Steuerleistung als bei der Zahlung mit Bargeld vorliegt.

dauernde Einrichtungen, welche sich mit dem Umsatz, der Annahme und Auszahlung von Geld beschäftigen, wird nicht zu bezweifeln sein. Überdies beweist das Beispiel der Lippeschen Landessparkasse, welche den Checkverkehr eingeführt hat, dafs nach der Auffassung der deutschen Behörden gemäfs der bestehenden Reichsgesetzgebung auch die Anweisungen auf Sparkassen unter die Bezeichnung von Checks fallen können. Man könnte daher nur der Meinung sein, es werde vielleicht bei einer umfassenderen gesetzlichen Regelung des Checkwesens der Begriff des Papieres so gefafst werden, dafs Sparkassen nicht in dieser Form bezogen werden können. Es geht nämlich die Meinung der überwiegenden Anzahl von Schriftstellern dahin, dafs Checks nur auf einen bestimmten Kreis von Personen gezogen werden können. Allein nach der Art, wie dieser Kreis von Personen, die, wie wir es vielleicht ausdrücken könnten, die passive Checkfähigkeit besitzen, in der Litteratur bestimmt zu werden pflegt, müssen wir doch wiederum sagen, dafs auch darin die Sparkassen eingeschlossen sind. Wenn wir, um den Ausspruch eines mafsgebenden Vertreters der herrschenden Meinuung anzuführen, die Definition heranziehen, welche Knies von den Checks giebt, so sind dieselben zu ziehen auf eine „Person oder eine Firma, welche öffentlich kundbar und geschäftsmäfsig Zahlungen für andere besorgt".[1] Wenn also die Sparkasse ihren Geschäftsbetrieb so einrichtet und durch Normierung ihres Reglements dem Publikum sich dahin zur Verfügung stellt, dafs sie für dasselbe Gelder annimmt, um damit dann Auszahlungen zu bewirken, so hat sie als eine handlungsfähige Persönlichkeit die Befugnisse erworben, dafs Checks auf sie abgegeben werden. Man könnte nun aber denken, dafs die zukünftige Reichsgesetzgebung beschränkender vorgehen wird, und was von einzelnen wohl auch als notwendig bezeichnet worden ist, nur die Bankiers berechtigt, Checks auf sich abgeben zu lassen. Wenn wir selbst darauf Rücksicht nehmen wollten, dafs diese doch nur vereinzelt vertretene Ansicht Annahme fände, so würden wir dennoch behaupten können, dafs sogar in einem solchen Fall der Checkverkehr den Sparkassen nicht ver-

---

[1] a. a. O. p. 275.

schlossen wäre. Denn nicht nur als Geldinstitute können wir sie bezeichnen und nicht blofs als Firmen, die im Stande sind, wenn sie sich dazu entschliefsen, öffentlich kundbar und geschäftsmäfsig Zahlungen für andere zu besorgen, sondern nach den Definitionen, die über Bankiers vorliegen, wird man sie auch als solche bezeichnen können. Der Begriff des Bankiers ist zwar nicht ganz unbestritten. Nach der strengen Ansicht von Goldschmidt[1]) soll z. B. nur derjenige als Bankier zu betrachten sein, welcher gewerbsmäfsig Bankgeschäfte[2]) betreibt, d. h. derjenige, dessen Bemühungen bezüglich der Bankgeschäfte, sei es im einzelnen oder in der Gesamtheit ausschliefslich auf Gewinn gerichtet sind. Weiter zieht den Kreis bei seiner Begriffsbestimmung der Gewerbsmäfsigkeit Berend,[3]) indem er auch andere Zwecke, wie politische, wirtschaftliche, gemeinnützige, dilettantische, religiöse zuläfst, vorausgesetzt, dafs überhaupt die Gewinnabsicht nicht ganz beiseite gelassen wird. — Dafs die Sparkasse als Bankier zu betrachten sei, dürfte wohl als die communis opinio sowohl in der Theorie[4]) als in der Jurisdiktion angesehen werden. Wir wollen hier noch hinzufügen, dafs die Sparkassen in England früher charitable banks genannt wurden und jetzt saving banks oder banks for saving heifsen, also sieht man sie auch dort als Banken an. Auch historisch sind die Leihkassen, welche jetzt mit Sparkassen verbunden werden, als montes pietatis bezeichnet worden, und der Ausdruck mons ist vielfach identisch mit Bank.[5])

Folgen wir der eben besprochenen Ansicht, die auch den wirtschaftlichen Verhältnissen Rechnung trägt, so wird man konsequenterweise die Sparkassen juristisch als Bankiers zu

---

[1]) Handbuch des Handelsrechts I. Bd. 2. Aufl. p. 605 bei Note 12.
[2]) Die Frage, ob die Sparkasse Bankgeschäfte treibt, dürfte wohl heute keinem ernstlichen Zweifel mehr unterliegen.
[3]) Lehrbuch des Handelsrechts I. Bd., Berlin 1880, p. 95.
[4]) cf. G. Cohn bei Endemann, Handb. d. deutsch. Handels-, See- u. Wechselrechts Bd. II p. 921 bei Note 7—9.
[5]) cf. Endemann „Studien zu der romanistisch-kanonistischen Wirtschafts- und Rechtslehre" I. Bd. p. 431 u. ff. „Es ist hier nach einem älteren Schriftsteller bemerkt, dafs man drei Arten von Montes unterscheiden kann, die Leihhäuser mit dem Zweck der Mildthätigkeit, Montes pietatis, andere Leihhäuser und die zum Zweck öffentlicher Anleihen gebildeten Montes."

betrachten haben. Was endlich die Frage anbetrifft, ob die Sparkassen nach den bestehenden partikulären Vorschriften den Checkverkehr treiben dürfen, so kann als Beispiel auf das „die Einrichtung des Sparkassenwesens betreffende" Reglement vom 12. 12. 1838 hingewiesen werden. Zur Bekämpfung des Checkverkehrs wird auf die darin enthaltene Bestimmung über den Zweck der Sparkasse hingewiesen, welche dahin geht, dafs dem Institut die Förderung des Sparsinns der ärmeren Bevölkerung obliege.[1] Wir werden als Erwiderung auf solche Einwendungen sagen müssen, dafs an sich das Reglement schon ziemlich alt ist und in mancher Beziehung nicht mehr befolgt wird.[2] Was aber gerade diese Bestimmung betrifft, so kann man sie in verschiedenem Sinn auslegen; wenn wir nachzuweisen gesucht haben, dafs gerade die Interessen der Bevölkerung günstig beeinflufst werden durch die Ausdehnung der Sparkassenthätigkeit auf den Checkverkehr, so würden durch eine solche auch die wohlwollenden Absichten des Gesetzgebers nicht verletzt werden.

Allen Einwendungen gegenüber müssen wir schliefslich darauf hinweisen, dafs der Checkverkehr thatsächlich schon für die weniger bemittelten Klassen an einzelnen Orten in Deutschland besteht und sogar schon durch Sparkassen durchgeführt wird. Es wird von Bedeutung für unsere Untersuchung sein, die bezüglichen Verhältnisse zu schildern.

Bezüglich der Lippeschen Landessparkasse kann ich nach Mitteilungen, welche mir von dem jetzigen Direktor derselben, Herrn Major a. D. Ohlendorf, gemacht wurden, folgende Details anführen: Im Jahre 1889 wurde auf Checkkonto eingezahlt 1 395 425,94 Mk. d. h. 588 345,96 Mk. mehr als im Jahre 1888. An Zinsen wurden 1889 den Einlegern gutgeschrieben 10 475,65 Mk. Zurückgezogen auf Checks wurden im Jahre 1889 = 1 235 305,56 Mk., d. h. 415 308,22 Mk. mehr als im Jahre 1888. Der Umschlag des Verkehrs pro 1889 belief sich also auf 2 641 207,15 Mk. Die Zahl der laufenden

---

[1] cf. die Bestimmungen des Reglements sub No. 4 u. 10, abgedruckt bei Heyden a. a. O. Bd. I p. 6 und p. 8 u. 9.

[2] cf. die Ausführungen von Bock's auf der früher erwähnten Vorstandsversammlung des deutschen Sparkassenverbandes.

Konten betrug Ende 1889 = 176, darunter Leute aus allen Lebensständen, grofse und kleine Rentiers, Beamte, Offiziere, Kaufleute, Handwerker, Vereine, Gesellschaften, einzelne Herren und einzelne Damen. Der Zinsfufs für die Einlagen beträgt 3 %. Das ist ein für die dortigen Verhältnisse ziemlich hoher Satz; da die Kündungsfristen für Abhebungen nur kurze sind und bei 2000 Mk. bis 10 000 Mk. nur acht Tage, darüber 14 Tage betragen. Jedoch entsteht eine Ausgleichung dadurch, dafs bei Berechnung der Zinsen das später zu erörternde englische Verfahren angewendet wird, welches im wesentlichen darauf beruht, dafs die Zinsen von dem jedesmaligen niedrigsten Monatssaldo vergütet werden.

Wenn man sich nun vergegenwärtigt, dafs der Checkverkehr erst seit kurzer Zeit, d. h. seit Dezember 1883 bei der Landessparkasse eingeführt ist, und dafs die kleine Stadt mit ihren 9000 Einwohnern keinen grofsen Geschäftsverkehr hat, so kann man sich der von der Direktion des Instituts geäufserten Ansicht, dafs die Entwicklung des Checkverkehrs eine günstige zu nennen sei, nur anschliefsen.

Die Lippesche Kasse ist das einzige Beispiel einer deutschen Sparkasse, welche bereits den Checkverkehr eingeführt hat. Wie wir aber gesehen haben, giebt es zwei Banken, welche in ähnlicher Weise, wie es bei der Einführung des Checkverkehrs durch die Sparkassen geschehen würde, es sich zur besonderen Aufgabe gemacht haben, die unbemittelten Klassen an einen solchen Verkehr zu gewöhnen und ihnen die Vorteile desselben zuzuführen. Es wird daher nicht ungeeignet sein, die Ergebnisse, die bei diesen Banken, der Oldenburger Spar- und Leih- und der Osnabrücker Bank, erzielt worden sind, zu betrachten. So viel kann daraus doch wohl entnommen werden, dafs diese Geschäftsthätigkeit einem wirklichen Bedürfnis der Bevölkerung entgegenkommt. Schon seit 1869 ist die erstere Anstalt auf diesem Gebiet thätig und hat keine Veranlassung gehabt, diesen Zweig ihrer Wirksamkeit wieder aufzugeben. Was den Umfang betrifft, so entnehmen wir dem letzten Geschäftsbericht[1]) folgende Einzelheiten:

---

[1]) Bericht der Oldenburgischen Spar- und Leihbank zu Oldenburg über das Geschäftsjahr 1890 p. 7 u. 8.

Es haben betragen:

am 1. Jan.	Einlagen-Bestand	Konten	im Jahre	Umsatz	die einzelnen Checks
1891	ℳ 705 452,02	1191	1890	ℳ 6 418 775,98	9245
1890	„ 708 206,82	1198	1889	„ 5 412 386,60	9143
1889	„ 671 746,93	1186	1888	„ 5 429 283,19	9304
1888	„ 709 246,17	1182	1887	„ 5 677 324,28	9452
1887	„ 691 597,34	1164	1886	„ 5 414 067,08	9931
1886	„ 711 035,70	1178	1885	„ 5 481 589,70	10 802

Die Kunden verteilen sich auf folgende Berufsklassen:

	1. Jan. 1891	1. Jan. 1890	1. Jan. 1889	1. Jan. 1888	1. Jan. 1887	1. Jan. 1886
Kaufleute u. Fabrikanten	211	213	218	210	229	227
Handwerker	144	142	141	140	133	131
Beamte, Lehrer, Ärzte, Militärpersonen	320	317	314	309	315	311
Landleute	37	37	33	36	29	35
Vereine und Kassen	74	72	70	68	64	67
Rentiers etc.	53	53	49	59	54	66
Damen	352	364	361	360	340	341

Geringer ist der Checkverkehr, welcher von der früheren Filiale der Oldenburgischen Spar- und Leihbank in Osnabrück, der jetzigen Osnabrücker Bank getrieben wird. Allerdings muſs man berücksichtigen, daſs die Stadt von 36 000 Einwohnern eine nicht besonders gewerbthätige Provinzialstadt ist und vor allem, daſs ebenso wie in Detmold der Checkverkehr noch nicht lange dort eingeführt ist. Nach dem Geschäftsbericht der Bank für das Jahr 1889[1]) wurden beim Checkbureau:

eingelegt:			abgehoben:		
	Posten	Betrag		Posten	Betrag
1889	4286	ℳ 3 775 217,03	1885	6336	ℳ 3 035 315,56
1888	4399	„ 3 679 901,36	1886	6113	„ 3 358 390,13
1887	4112	„ 3 518 139,04	1887	5796	„ 3 452 786,39
1886	4505	„ 3 322 943,51	1888	6100	„ 3 649 904,54
1885	4252	„ 3 054 456,94	1889	6340	„ 3 971 936,34

---

[1]) Die hier mitgeteilten Angaben sind bei Kuhlenbeck a. a. O. p. 41 zum Abdruck gebracht.

— 55 —

Von dem am 31. Dezember 1889 vorhandenen Bestande waren eingelegt:

Durch Privatiers	auf	208	Konti	ℳ	133 992,30
„ Beamte, Lehrer, Ärzte	„	179	„	„	103 149,67
„ Gastwirte, Handwerker	„	124	„	„	135 767,20
„ Kaufleute, Fabrikanten	„	127	„	„	255 189,20
„ Ingenieure, Architekten, Agenten	„	21	„	„	21 259,65
„ Kassen und Vereine	„	30	„	„	24 757,77
	Zusammen	689	Konti	ℳ	674 006,79

Nach einer mir von der Bankdirektion gemachten Mitteilung betrug der Bestand Ende 1890 706 Konten und 578 461,42 Mk. und war der Verkehr in diesem Jahr „ein sehr reger".

Wenn die Lippesche Kasse im kleinen zeigt, dafs eine Änderung des Checkverkehrs bei Sparanstalten möglich ist, so giebt es ein noch viel grofsartigeres Beispiel, das sich freilich auf aufserhalb unserer Landesgrenzen bestehende Verhältnisse bezieht. Immerhin wird es aber für die Beurteilung der uns beschäftigenden Frage von sehr hohem Werte sein, die Erfahrungen hier anzuführen, die man in Österreich bezüglich des Checkverkehrs bei den Postsparkassen gemacht hat.[1]) Wir dürfen nicht annehmen, dafs Deutschland weniger geeignet wäre, von einer entwickelteren Form des wirtschaftlichen Lebens Gebrauch zu machen, als das wirtschaftlich weniger fortgeschrittene und sicherlich intellektuell nicht gebildetere Österreich.

Im Jahre 1889 beziffern sich bei der österreichischen Staatssparkasse die Einlagen auf Checkkonto einschliefslich der kapitalisierten Zinsen mit

754 942 444 fl. 95 Krz.,

die Rückzahlungen mit

750 898 892 fl. 45 Krz.

und hat sich somit im Jahre 1888 der Einlagen-Übertrag um 4 043 552 fl. 50 Krz. erhöht.

---

[1]) cf. z. B. den 6. Rechenschaftsbericht des k. k. Postsparkassenamtes zu Wien für das Jahr 1889 erstattet von seinem jetzigen Direktor A. Wazek in No. 5 Jahrg. 1890 des a. a. O. erwähnten Cirkular-Verordnungsblattes.

Der Gesamtübertrag im Checkverkehr betrug:
Ende 1889 32 328 004 fl. 44 Krz.
Ende 1888 28 284 451 fl. 94 Krz.
Der Umsatz im Checkverkehr beziffert sich:
im Jahre 1889 mit 1 505 489 237 fl. 46 Krz.
„ „ 1888 „ 1 287 454 094 fl. 61 Krz.
in den Vorjahren 2 771 277 010 fl. 8 Krz.

Zusammen mit 5 564 220 342 fl. 15 Krz.

Seit dem Bestande des Amtes sind im ganzen 19 848 Gesuche um Aufnahme in den Checkverkehr eingegangen und zwar traten dem Checkverkehr bei im Jahre 1889 2658, im Jahre 1888 2278, in den Vorjahren 14 912. Hiervon hoben ihre Kontis wieder auf:

im Jahre 1889 908
„ „ 1888 963
in den Vorjahren 1931

Zusammen 3802 Personen
und beträgt somit die Zahl der bestehenden Konti mit Schluſs des Jahres 1889 16 046 gegen 14 296 am Schluſs des Jahres 1888. Naturgemäſs gehören die Checkbücherbesitzer der überwiegenden Mehrzahl nach dem Kreis der Kaufleute und Fabrikanten an, 9320 von 16 046. Auch Versicherungsanstalten und Verkehrsinstitute beteiligen sich in hervorragender Weise am Checkverkehr. Die Durchschnittseinlage in diesem Verkehr beträgt:

im Jahre 1889 148 fl. 64 Krz.
gegen 153 fl. 34 Krz.

im Jahre 1888. Die Anzahl der Einlagen, welche durchschnittlich zu Gunsten eines „Checkbüchel"-Besitzers bewerkstelligt wurden, beläuft sich

im Jahre 1889 auf 299
gegen 280

im Jahre 1888.

Der durchschnittliche Gesamtbetrag, welcher zu Gunsten eines Checkbuchbesitzers eingelegt wurde,

im Jahre 1889 auf 44 508 fl. 10 Krz.
gegen 42 187 fl. 27 Krz.

im Jahre 1888.

Danach ist der Durchschnittsbetrag der einzelnen Einlagen etwas gesunken, während die Anzahl der Einlagen, welche auf einen Checkbuchbesitzer im Durchschnitt entfallen, und der Gesamtbetrag der für einen Einleger bewerkstelligten Einlage gestiegen ist. Diese Thatsache spricht für die Verallgemeinerung und stärkere Benutzung der Einrichtungen. Bezüglich der Rückzahlungen wollen wir noch bemerken, dafs sich der Durchschnittsbetrag einer Rückzahlung beläuft
im Jahre 1889 auf 559 fl. 84 Krz.
gegen 519 fl. 90 Krz.
im Jahre 1888.

Wenn wir also zu dem Ergebnis kommen, dafs die Vorteile einer Einführung des Checkgebrauchs sehr grofse, die Bedenken, welche dagegen geltend gemacht werden, im Vergleich damit von sehr geringem Gewicht sind, so soll damit nicht gesagt werden, dafs durch die Einführung dieser Neuerung nicht die Sparkassen einen veränderten Charakter annehmen und in ihrer ganzen Geschäftsführung umgestaltet werden. Auch der Kreis der Personen und die Art der Kapitalien, welche durch die Möglichkeit, mittels Checks über die Anlagen zu verfügen, mit der Kasse in Berührung kommen, wird sich verändern. Wenn wir genauer untersuchen, welche Art von Kapital die bisherigen Sparkassen allmählich gebildet haben, so war es, wie früher schon angedeutet, eine solche, der keine rasche Verwendung zu teil werden sollte; das ist jedenfalls das Gemeinsame an diesen Kapitalien gewesen, welchen verschiedenen Charakter sie auch sonst an sich tragen mochten.

Wir können vielleicht eine erste Gruppe unter diesen Kapitalien unterscheiden, bei der es den Einlegern darum zu thun ist, die Zinsen regelmäfsig zu beziehen und dieselben zur Verbesserung ihrer Lebenshaltung zu verwenden, oder vielleicht als den hauptsächlichsten Teil ihres Einkommens zu behandeln. Damit ist natürlich nicht ausgeschlossen, dafs auch diese Leute einen Teil der Zinsen zum Kapital einmal schlagen, zu anderen Zeiten das Kapital auch um ein kleines vermindern können. Das Wesentliche bliebe immer, dafs die Sparkasse ein dauernder Schuldner sein soll, und dafs unterschieden wird zwischen dem im wesentlichen fortdauernden Kapital und dem vergänglichen, zum Verbrauch dienenden Zins. Die Anlage bei der Sparkasse wäre nichts anderes als die Anlage bei einem Hypothekenschuldner, in einem Staatspapier und dergl. Es können natürlich hier auch Veränderungen stattfinden, ebenso wie jemand bei einem Schuldner das Kapital kündigt, um es einem andern zu verleihen. So kann namentlich, wenn eine Veränderung im Zinssatz eintritt, die Kasse diese Kapitalien verlieren, die dann von den Einzelnen direkt in Hypotheken angelegt werden oder umgekehrt. Wie wir früher gesehen haben, ist diese Art von Anlagen besonders im nordwestlichen Deutschland zu finden.

Eine zweite Gruppe von Darleihern dieser früheren Zeit hatte mehr im Auge, alles im Augenblick Entbehrliche zurückzulegen, um daraus im Laufe der Zeit eine gröfsere Summe zu bilden. Hier wurden regelmäfsig die Zinsen nicht verbraucht, vielmehr zur Verstärkung des Kapitals benutzt, damit die in Aussicht genommene Summe desto rascher erreicht würde. Es konnte wohl zeitweise die Hinzufügung zum Ersparten unterbleiben, wenn das Einkommen etwa ein geringeres wurde, oder die laufenden Bedürfnisse sich vergröfserten. Im allgemeinen aber fand doch wenigstens keine Verminderung der eingelegten Beträge statt. Ebenso wurden die Zinsen nur selten einmal angegriffen. Auch hier also sind die Einlagen für eine lange Zeit bestimmt. Die Kasse bekommt wie im ersten Fall ein langfristiges Darlehen und zwar je früher eine Rate dieses Gesamtdarlehens einbezahlt ist, auf desto längere Zeit ist sie gegeben, weil bei der Rücknahme Darlehen aus den verschiedensten Zeitpunkten zusammen zurückgezogen werden. Im Unterschied von dem ersten Fall haben wir hier eine sehr veränderliche Gröfse des Darlehens, aber eine stetig steigende, bis der Zeitpunkt eintritt, wo eben das Darlehen vollkommen aufhört.

In die eine oder die andere dieser beiden Gruppen von Kapitalien können die hergebrachten Anlagen bei den Sparkassen durchweg eingereiht werden. Es kann freilich sein, dafs die Ersparung mehr dient zu einem bestimmten Zweck, der später erreicht werden soll, z. B. zum Ankauf eines Häuschens, zur Verheiratung, zur Gründung eines Geschäfts, oder zu einem mehr unbestimmten Zweck, wie zur Abhilfe bei etwa eintretenden Notfällen. Es kann sein, dafs man sich eine

Vorstellung macht, wie lange man die Ersparung fortsetzen soll, oder dafs man der Zukunft eine Entscheidung darüber läfst. Man würde zur zweiten Gruppe von Darleihern auch wohl diejenigen zu rechnen haben, welche die Ersparung nicht sehr lange fortsetzen wollen, sondern die Verwendung schon an einem bestimmten nahen Zeitpunkt in Aussicht genommen haben; wenn beispielsweise jemand allmählich Gelder flüssig macht, um in einem halben oder in einem ganzen Jahre eine bereits gekündigte Hypothek zurückzuzahlen, ein bereits gekauftes Haus bezahlen zu können. Auch hier handelt es sich doch immerhin nicht darum, der Kasse Kapitalien anzuvertrauen, die von heute auf morgen wieder zurückgezogen werden. Ein anderes Beispiel wäre das, dafs man auf den Kursrückgang eines zu kaufenden Wertpapieres wartet. Wir müssen alle diese Fälle in die zweite Gruppe einreihen; die Fälle der ersten Gruppe dagegen sind einfacher, geringerer Mannigfaltigkeit unterworfen. Bei ihnen bleibt der Zins das besonders Bedeutungsvolle.

Durch die Einführung des Checkverkehrs würden zu diesen Arten von Kapitalien solche von ganz anderem Charakter hinzutreten und in die Hand der Sparkassen gelangen. Kapitalien dieser Art sind wir ja gewöhnt bei den Bankgeschäften zu finden. Das Neue besteht darin, dafs sie auch auf die Sparkassen übergehen, nur mit dem Unterschied, dafs diese letzteren auch Kreise in ihren Bereich ziehen, wie Handwerker und Bauern, welche dem Bankier nicht als lohnend gelten. Das Wesentlichste wäre, dafs die Einlagen nur für ganz kurze Zeit von den Einlegern entbehrt werden sollen. Formell sind ja auch die bisherigen Einlagen solche mit kurzer Kündigung gewesen, und wenn man will, kann man sie allerdings als kurzfristige bezeichnen, aber thatsächlich waren sie bestimmt, der Kasse lange zu verbleiben, sie sind materiell langfristige. Mit der Einführung des Checkverkehrs erhält die Sparkasse Einlagen, die sie nicht blofs verpflichtet ist, mit kürzester Kündigung zurückzuzahlen, deren rasche Rückforderung vielmehr auch von den Einlegern wirklich beabsichtigt wird. Es kommt aber für die Haltung eines Schuldners in Bezug auf seine Verpflichtungen gerade auf diese materielle Seite doch wesentlich an. So sehen wir die Sparkassen mit ihren jederzeit einforderbaren Schulden bisher dennoch ihre Kapitalien auf lange Fristen verborgen in dem Bewufstsein oder dem Gefühl, dafs es nicht in der Absicht der Gläubiger gelegen sei, von ihren Rechten Gebrauch zu machen. Wenn aber die Schulden in jedem Sinne, auch in dem thatsächlichen, als kurzfristige erscheinen, dann wird die Kasse sich anders verhalten müssen. Wir sehen, dafs die Depositenbanken, die den Checkverkehr treiben, ganz andersartige Anlagen suchen für ihre Fonds als unsere Sparkassen. Mit der Einführung des Checkgebrauchs müfste also das ganze Geschäftsprinzip ein anderes werden. Die Schwierigkeit ist dabei für die Sparkasse eine um so gröfsere, als sie nach der Einführung des Checkverkehrs verschiedene Kapitalien nebeneinander erhalten wird, solche, die ihr lange geliehen, und solche, die schnell von ihr zurückgezogen werden sollen. Es würde eine besondere Aufgabe sein, abzuwägen, welcher Teil der Einlagen den einen und welcher den anderen Charakter an sich trägt. Diese Trennung als erreicht gedacht, würde die Kasse als eine Kombination von zwei Anstalten erscheinen, von denen die eine es mit materiell langfristigen, die andere mit rein kurzfristigen Darlehen zu thun hätte. Es mufs dann noch eine Gefahr ins Auge gefafst werden, die aber naturgemäfs mit der Einrichtung verbunden ist. Da nämlich dieselben Persönlichkeiten die beiden Zweige gleichzeitig besorgen, so müssen sie sich besonders davor hüten, dafs sie nicht die Gesichtspunkte, welche für die eine Anlage die mafsgebenden sind, am falschen Orte anwenden, unrichtig auf die anderen übertragen. Die Aktivgeschäfte, welche mit einem Teil der Gesamtanlagen gemacht werden, müssen verschieden sein von denjenigen, für welche der andere Teil benutzt wird. Um so wichtiger erscheint es hier auf die Frage einzugehen, wie bei der Einführung des Checkverkehrs die Organisation und die Verwaltung der Sparkassen sich gestalten mufs.

IV.
Durchführung des Checkverkehrs im einzelnen.

Die in dem vorhergehenden Abschnitt bezüglich der Lippeschen Landessparkasse nachgewiesene Thatsache, dafs dies

Institut nicht mehr ausschliefslich als Sparkasse, sondern auch als Kassenverwalterin für einen Teil ihrer Einleger fungiert, wiederholt sich in besonders starkem Grade bei der österreichischen und bei der ungarischen Postsparkasse. Die Mafsnahmen dieser beiden Institute zielen darauf hin, für eine ganze Kategorie von Einlegern das Sparkassenguthaben zur Verwertung für den regelmäfsigen Wirtschaftsbetrieb bereit zu halten und ihm die Funktion der bankmäfsig verwalteten Kasse zu verleihen.

Da sich der Komplizirtheit halber die Organisation des Checkverkehrs bei beiden Anstalten[1]) nicht wie die der Lippeschen Kasse innerhalb des Rahmens unseres nächsten Abschnittes, der über die Organisation des Checkverkehrs nach aufsen handelt, genügend darstellen läfst, so müssen wir sie vorher so weit zur Besprechung bringen, als es für den von uns verfolgten Zweck von Belang erscheint. Die Technik des Checkverkehrs ist bei beiden Kassen in den Hauptzügen gleich gestaltet. Die Übereinstimmung ist wohl deshalb herbeigeführt worden, weil es, trotzdem zwischen den beiden Instituten zur Zeit noch kein Gegenseitigkeitsverkehr besteht, wahrscheinlich ist, dafs derselbe sich im Laufe der Zeit als Notwendigkeit ergeben wird. So bestehen hinsichtlich der Modalitäten der Kontoeröffnung, sowie der Ein- und Rückzahlungen keine wesentlichen Abweichungen. Bezüglich der Kontoeröffnung bemerken wir, dafs die erste Einlage auf ein Checkkonto in beiden Ländern auf 100 Gulden fixiert ist. Dieser Betrag mufs immer als „Stammeinlage" bestehen bleiben, so dafs der Einleger nur die über 100 Gulden hinausgehende Summe vermittelst Checks verfügbar machen kann. Über jede Einzahlung, die er selbst auf sein Konto macht, bekommt er in einem Buche, das ihm übergeben ist, dem sogenannten Checkbüchel, eine Quittung. Einzahlungen auf das Konto der Checkkunden können aber auch von Dritten geleistet werden, und zwar in beliebigen Beträgen und an allen den Postan-

---

[1]) cf. bezüglich der österreichischen Einrichtungen den Artikel „Checkverkehr bei Sparkassen" in den Nummern 80 p. 1 u. ff. und 82 p. 2 u. ff. Jahrg. 1885 der „Sparkasse", bezüglich der ungarischen p. 385 Jahrg. 1890 derselben Zeitschrift.

stalten, welche die Bezeichnung als Sammelstellen tragen; es ist dies die grofse Mehrzahl aller Postanstalten. Eine solche Person, welche zu Gunsten der Einleger Einzahlungen macht, — sie wird „Erleger" genannt, — mufs bei Vornahme derselben einen Doppelschein[1]) einreichen. Die eine Hälfte dieses Scheins heifst Erlagschein, die andere Empfangsschein. Beide Hälften müssen von dem Erleger ausgefüllt werden mit dem Betrag, den er einzahlen will. Die Hälfte, die als Empfangsschein bezeichnet ist, erhält er von dem Postbeamten unterschrieben zurück, die andere Hälfte bleibt zunächst bei der Post und wird von der Annahmestelle an das Postsparkassenamt in Wien eingesandt. Denn dieses Centralamt ist die Stelle, welche die Konten sämtlicher Checkkunden aus dem ganzen Lande führt. Das Postsparkassenamt setzt nach geschehener Eintragung den Kontoinhaber durch einen sogenannten Kontoauszug von der erfolgten Gutschrift in Kenntnis und sendet damit zugleich ihm den Erlagschein zu. Der Umstand, dafs der Erlagschein zuletzt an den Kontoinhaber gelangt, bietet Gelegenheit, eine weitere zweckmäfsige Mafsnahme einzuführen. Es ist nämlich gegen Aufklebung einer 2-Kreuzermarke auf den Erlagschein gestattet, dafs auf demselben auch briefliche Mitteilungen gemacht werden, durch die sich der Erleger mit dem Zahlungsempfänger in Verbindung setzt. Einzahlungen können ferner noch dadurch bewirkt werden, dafs Postanweisungen auf Rechnung des Checkkunden von der Postsparkasse einkassiert werden und dadurch, dafs dieselbe die Einziehung fälliger Coupons von österreichischen Staatsschuldverschreibungen besorgt. In Österreich können Einzahlungen auch noch geschehen durch Gutschrift der Beträge von Schuldurkunden, wie z. B. Wechseln, deren Inkasso von seiten der Postsparkasse gegen eine mäfsige Gebühr geschieht.

Was die Rückzahlungen betrifft, so werden diese auf Grund von Checks geleistet. Für jedes Checkformular hat der Kontoinhaber nur die Stempelauslage von 2 Kreuzern zu tragen. Es kann über das Guthaben mit verschiedener Wirkung verfügt werden, welche durch die Art und Weise der

---

[1]) Abgebildet in Anlage 3.

Ausfüllung des Checkblanketts bedingt ist. So kann ein auf den Inhaber lautender Check geschaffen werden, dessen Betrag dem Überbringer an der Kasse des Postsparkassenamtes in Wien ausbezahlt wird. Soll die Rückzahlung nach der Provinz geleistet werden, so schreibt der Kontoinhaber die Adresse der empfangsberechtigten Person auf die Rückseite des Checks und sendet diesen an das Postsparkassenamt, welches dann an den betreffenden Ort eine Zahlungsanweisung emittiert. Dadurch nun, dafs an Stelle dieser Zahlungsanweisung eine Postanweisung treten kann, wird der Checkverkehr auch für die Zahlungen an das Ausland nutzbar gemacht. Wenn z. B. jemand einen Check schreibt, zahlbar an N. in Berlin, so sendet die Centralkasse eine Postanweisung über den Betrag dem Empfangsberechtigten in Berlin zu. Sind endlich sowohl der Aussteller des Checks als auch der Empfangsberechtigte Inhaber von Checkkontos, so wird die Zahlung auf Grund des Checks, der hier die Rolle einer Giroanweisung spielt, durch einfache Umschreibung bewerkstelligt, von deren Vollzug beide Teile durch Zusendung von Kontoauszügen verständigt werden. Gegen Vorzeigung des Checkbüchels und Abschreibung in demselben können Beträge bis zu 100 Gulden an jeder Sammelstelle erhoben werden.

Der Zinsfufs, welcher für Checkeinlagen bezahlt wird, beträgt in Österreich 3, in Ungarn 2 %. Die Verzinsung der Einlagen beginnt am ersten bezw. sechzehnten Monatstage nach dem Datum, an welchem die Einlage erfolgte und hört auf am sechzehnten bezw. letzten Tage des Monats, in welchem die Zahlung geschieht, resp. welcher der Zahlung vorhergeht. Schliefslich ist zu erwähnen, dafs der ganze Verkehr mit der Postsparkasse Stempelfreiheit geniefst und dafs der Betrag der bezogenen Zinsen steuerfrei bleibt.

Es tritt jetzt die Frage an uns heran, ob der Checkverkehr in der Art, wie er bei diesen beiden Postsparkassen besteht, oder in welch anderer Gestalt er bei den Sparkassen organisiert werden soll. Wir bemerken, dafs es nicht unsere Aufgabe sein kann, ein vollständiges Statut für den Sparkassen-Checkverkehr zu entwerfen. Vielmehr beschränken wir uns darauf, den wesentlichsten Inhalt eines solchen Reglements teils frei, teils in Anlehnung an die lippeschen, oldenburgischen und österreich-ungarischen Einrichtungen sowie die für Mülheim gemachten Vorschläge nachfolgend zu skizzieren. Wir wollen den Gegenstand nach den fünf Gesichtspunkten der Kontoeröffnung, der Ein-, der Rückzahlungen, der Versinsung und der Verrechnung betrachten. Nach unserem Dafürhalten soll jede handlungsfähige Person, welche bei der Sparkasse eine Einzahlung von einer bestimmten, statutarisch festgesetzten Summe leistet, resp. ein Sparkassenguthaben von dieser Höhe überweist, die Eröffnung eines Checkkontos bei der Verwaltung beantragen können. Die Eröffnung eines solchen Kontos kann verweigert werden, wenn bestimmte, im Statut ausdrücklich genannte Gründe gegen die Zulassung des Antragstellers sprechen. Ebenso soll der Direktion, aber ebenfalls nur auf Grund ganz bestimmter, im Statut vorgesehener Gründe das Recht zustehen, ein bereits bestehendes Konto zu kündigen resp. sofort den Verkehr mit dem Kontoinhaber abzubrechen. Solche Gründe würden dann vorhanden sein, wenn Thatsachen darüber vorliegen, dafs der Checkkontoinhaber im Verkehr mit der Anstalt unreell vorgegangen ist, z. B. absichtlich eine Kontoüberziehung vornahm, oder dafs er sonst im geschäftlichen Verkehr bestimmte Verschuldungen begangen hat. Dagegen dürfte eine Bestimmung wie die im Lippeschen Statut vorgesehene, dafs eine Zurückweisung resp. Kündigung ohne Angabe der Gründe erfolgen kann, bei unserer heutigen Rechtsgleichheit und um Parteilichkeiten in der Verwaltung zu verhüten, sich nicht empfehlen. Was die Höhe der ersten Einlage betrifft, so darf man sich hier an keinen allgemein gültigen Satz halten, sondern mufs vor allen Dingen bei Festsetzung derselben den Lokalverhältnissen Rechnung tragen. Jedoch bemerken wir, dafs der von den beiden Postsparkassen verlangte und seinerseits auch von Mentzel vorgeschlagene Betrag von 100 Gulden[1]) uns unter allen Umständen zu hoch dünkt. Wir wollen noch erwähnen, dafs bei der Lippeschen Kasse die erste Einlage 100 Mk., bei der oldenburgischen Bank 50 Mk. betragen mufs, und dafs dieselbe für Mülheim auf 50 Mk. fixiert war. Bei Eröffnung des Kontos hat der Einleger seine

---

[1]) a. a. O. p. 7.

Unterschrift und die seiner etwaigen Bevollmächtigten zu deponieren. Hierauf bezügliche Änderungen sind der Sparkassenverwaltung sofort schriftlich oder mündlich bekannt zu geben. Der Checkkunde empfängt ein auf seinen Namen lautendes Kontobuch und ein Heft mit einer Reihe fortlaufend numerierter Checkblanketts. Diese Anweisungen können dem Einleger kostenlos, zum Selbstkostenpreis oder gegen einen geringen Geldbetrag, welcher entweder niedriger oder höher als der Selbstkostenpreis sein kann, verabreicht werden. Die Lippesche Landessparkasse nimmt für ein Heft mit 25 Blanketts 50 Pfennige, eine Summe, die uns bei weitem zu hoch dünkt. Wir würden vielmehr in Anlehnung an den Mülheimer Vorschlag dafür plädieren, dafs die Checks dem Kontoinhaber zum Selbstkostenpreis zu liefern wären. Bei Schlufs eines Checkkontos soll jedoch die Sparkasse das Recht haben, den unausgefüllten Rest des Checkbuchs ohne Entschädigung einzuziehen. Es würde sich zur besseren Aufklärung der Kontoinhaber sehr empfehlen, auf dem Umschlag des Checkheftes die Grundsätze zu verzeichnen, welche bei der Pflege des Checkverkehrs zu befolgen sind.[1)]

Vor allem müfste hier folgendes hervorgehoben werden. Der Besitzer der Checkformulare soll dieselben so verwahren, dafs sie nicht teilweise oder insgesamt von unberufener Hand aus dem Heft entfernt werden können. Dieselben sollen grundsätzlich erst in dem Moment ausgefüllt und unterschrieben werden, in welchem sie auch verwertet werden können.

Falls die früher erwähnte Zahlenkolonne in dem Sparkassencheckformular Aufnahme findet, mufs der Aussteller darauf hingewiesen werden, dafs er von derselben all die Zahlen abzuschneiden hat, welche die auf dem Check vermerkte Summe übersteigen. Für Sparkassen, welche diese Einrichtung nicht acceptieren, dürften folgende Bemerkungen von ganz besonderer Wichtigkeit sein. Der Betrag, auf welchen der Check lautet, soll stets in möglichst grofsen und deutlichen Buchstaben und Ziffern dargestellt werden, um einer nachträglichen Änderung möglichst vorzubeugen. Die

---

[1)] cf. die von C. Berger in seinem „Katechismus des Girowesens", Leipzig 1881 p. 22 u. ff. zusammengestellten Grundsätze.

Worte, welche zur Darstellung des Checkbetrages nötig sind, sollen dicht aufeinander folgen, damit Einschiebungen unmöglich sind. Bezüglich des im Heft verbleibenden Abschnittes (souche) ist zu bemerken, dafs derselbe sogleich nach der Fertigstellung des Checks reguliert werden soll, damit diese Regulierung überhaupt nicht vergessen wird. Der Check, dessen Fertigstellung nicht in allen Teilen ganz tadellos gelang, soll sogleich, jedenfalls eher annulliert werden, als man zur Ausschreibung eines anderen schreitet. Durchstreichungen und verbessernde Zusätze, Zwischen- oder Überschriften, Radierungen u. s. w. sollen unthunlich sein, und Checks solcher Art dürfen nicht eingelöst werden. Bei der Annullierung des Checks ist nur die Nummer desselben zu schonen, damit die Sparkasse ihn vormerken und im Archiv einreihen lassen kann. Der unschädlich zu machende Check kann durch ein mit Tinte aufgetragenes × Kreuz oder mittels eines Teilausschnittes aus dem Papier markiert werden. Endlich ist zu bemerken, dafs vor der Ausschreibung des Checks konstatiert werden mufs, wieviel disponibles Guthaben bei der Sparkasse vorhanden ist, damit der Aussteller weder mit dem Nehmer noch mit der Sparkasse in Konflikt gerät.

Durch die Übergabe des Checkbuches wird der Vertrag des Kunden mit der Sparkasse, der jenen berechtigt, Checks auszustellen (Checkvertrag), perfekt.

Was die späteren Einzahlungen betrifft, so haben wir zu betrachten, wem die Berechtigung zustehen soll, solche zu leisten, in welcher Form sie zu geschehen haben, ob ein Minimum und beziehungsweise welches vorzuschreiben, und ob das Gesamtguthaben des Kunden auf einen gewissen Höchstbetrag einzuschränken sei. Bezüglich des ersten Punktes wäre es empfehlenswert, dafs Einzahlungen nicht nur vom Kontoinhaber, sondern auch von seiten Dritter geleistet werden könnten. Wünschenswert wäre es auch, dafs Einzahlungen nicht nur in bar und durch Einlieferung von Checks, die auf die Sparkasse gezogen, sondern auch nach österreichischem Beispiel durch Postanweisungen zulässig sind. Wenn nicht zu grofse Schwierigkeiten im Wege stehen, wäre es sehr zu begrüfsen, wenn auch die fälligen Coupons deutscher

Staatspapiere von der Sparkasse für ihre Kunden kostenfrei eingezogen und auf Checkkonto gut gebracht würden. Denn hierfür ist geltend zu machen, dafs die Sparkasse, welche ihren Kunden die Benutzung einer Bank entbehrlich machen soll, durch Zurückweisung der Coupons und die dadurch notwendig werdende anderweitige Einlösung die Berührung ihrer Kunden mit Bankiers herbeiführt. Über jede Einzahlung, die vom Kunden selbst erfolgt, wird ihm eine Quittung in seinem Kontobuche erteilt. Nur wenn der Kunde sein Buch nicht zur Stelle hat, oder wenn die Einzahlung durch einen andern geschieht, wird eine besondere Quittung erteilt. Für die Einzahlung durch Dritte wäre die Einführung des österreichischen Empfangs- und Erlagscheins sehr zu empfehlen. Kommen wir zur Frage der Einführung eines Mindestsatzes für die Einzahlungen, so halten wir es aus verwaltungstechnischen Gründen für geboten, einen solchen herzustellen. Wir können dafür aber keinen allgemeinen Satz empfehlen, weil je nach der Gegend, in welcher die Kasse ihren Sitz hat, und nach der Beschaffenheit des Publikums, mit dem sie verkehrt, verschiedene Minimalsätze zweckmäfsige sein werden. Der von der Lippeschen Landessparkasse acceptierte Satz von 5 Mk. ist vielleicht für viele Kassen mit einem ähnlichen Geschäftsbetrieb beachtenswert. Eine kleinere Kasse wird auch unbedingt benötigt sein, ein Maximum der Einlagen festzustellen, damit sie nicht durch plötzliche Rückforderungen der Beträge Seitens eines Einzelnen in Verlegenheit gebracht werden kann.

Bezüglich der Rückzahlung kommt zuerst in Betracht die Urkunde, gegen welche dieselbe geleistet werden soll. Die Abhebung darf nur gegen Checks stattfinden. Wir haben hier zu unterscheiden zwischen Anweisungs- und Quittungschecks. In ersteren ist der Auftrag direkt erteilt, bei letzteren verbirgt er sich unter einer in Erwartung der Leistung ausgestellten Quittung. Diese zweite, historisch ältere Form ist heute ziemlich aufgegeben. Wir halten die Zahlungsanweisung, abgesehen davon, dafs sie die allgemein übliche ist, für vorteilhafter, weil durch sie die Person des Empfangsberechtigten genauer bestimmt werden kann.

Die Unterscheidungen nach der Person des Empfangsberechtigten sind für die Sparkassen wegen der Legitimationsprüfung und der eventuellen Schadensersatzpflichtigkeit von großem Belang. Nach der erwähnten Hinsicht unterscheidet man Rektachecks, wenn die Person des Empfangsberechtigten mit Namen, Check an Ordre, wenn die Person des Empfangsberechtigten mit Namen, aber mit der Maßgabe bezeichnet ist, daß auch an dessen Ordre bezahlt werden soll, und drittens den auf den Inhaber lautenden Check, dessen Empfangsberechtigter der jedesmalige Inhaber ist. Endlich kommen noch Blankochecks vor, bei denen bezüglich des Empfangsberechtigten nichts vermerkt ist. Der Inhabercheck tritt nun sehr häufig in einer eigentümlichen Form auf, nämlich mit der Alternativklausel, daß er an eine bestimmte Person oder an den Inhaber bezahlt werden soll. Es würde sich die Annahme dieses Inhaberchecks mit der Alternativklausel bei Einführung des Sparkassen-Checkverkehrs sehr empfehlen. Einerseits wären dann die Sparkassen der Pflicht enthoben, das Recht der Präsentanten zu prüfen, also selbst bei einer Zahlung an einen unrichtigen Präsentanten liberiert. Andererseits besäßen sie aber auch das Recht, die Legitimation des Checkinhabers zu prüfen. Der Ausübung dieses Rechts kann und darf die Sparkasse sich als einer moralischen Notwendigkeit nicht entziehen, um nicht die Interessen ihrer Kontoinhaber erheblich zu schädigen. So wird sie den verdächtigen Präsentanten nicht eher befriedigen dürfen, als bis er sich legitimiert hat oder seine Identität durch eine der Sparkasse bekannte Person festgestellt ist.

Solange keine reichsgesetzliche Regelung des Checks erfolgt ist, würden wir den Sparkassen als aufzustellende Requisite desselben vorschlagen, daß er einen Zahlungsauftrag, die Unterschrift des zur Ausstellung Berechtigten, die Bezeichnung der zur Einlösung vertragsmäßig verpflichteten Sparkasse, die Angabe der zu zahlenden Geldsumme und das Datum der Ausstellung enthält.

Die Zahlung der Checks hat zu erfolgen in der Reihenfolge der Präsentationen, bei mehreren gleichzeitig präsentierten nach dem Datum der Ausstellung, bei mehreren gleichzeitig präsentierten Checks von demselben Datum geht die frühere Nummer der späteren vor. Was den Termin der Rückzahlungen betrifft, so liegt es im Wesen des Checks, vermittelst dessen die Rückzahlung erfolgt, dafs er sofort bezahlt werden mufs. Ein Check kann nicht an eine Frist gebunden werden, man kann nur verlangen, dafs der Kunde über eine Summe, die er einbezahlt hat, erst nach einiger Zeit verfügt, oder man könnte höchstens so weit gehen, dafs er von seiner Absicht, einen Check ausstellen zu wollen, einige Zeit vorher Kenntnis gäbe. Die letztere Bestimmung würde die ganze Einrichtung sehr schädigen, da gerade die Möglichkeit, je nach den augenblicklichen Verhältnissen beliebige Summen, wie sie sich dann herausstellen, auszuschreiben, den Checkverkehr bequem und wirksam macht. Aber die andere Vorschrift, dafs über eine Einzahlung erst nach einigen Tagen verfügt werden soll, hat nichts Grundsätzliches gegen sich. Man wird hier aber doch wieder unterscheiden müssen je nach der Gröfse der einbezahlten Summe. Eine Sparkasse kann wohl unbedingt verlangen, dafs ihr nicht eine grofse Summe blofs zugewiesen werde, damit dann am folgenden Tage eine Reihe kleinerer Zahlungen durch Checkabgabe bestritten werde, aber andererseits darf sie keinen Anspruch erheben, solche Einlagen allzulange festzuhalten. Deshalb würde sich vielleicht die Bestimmung empfehlen, dafs, wenn für einen Kunden an demselben Tage mehr als eine bestimmte Summe, z. B. 500 Mk., einbezahlt wird, der Überschufs über diese Summe erst nach einigen, vielleicht drei oder fünf Tagen im Checkverkehr zurückgezogen werden kann. Man kann vielleicht von dieser Beschränkung die Rückzahlungen, die nur durch Überschreibung auf ein anderes Sparkassenkonto erfolgen (durch Giro-Anweisungen), freilassen.

In Bezug auf die nächste Frage, welche die Verzinsung der Einlagen betrifft, haben wir zu erörtern, wann tritt sie ein, wann hört sie auf, wie hoch soll sie sein und für welche Summen soll sie gewährt werden. In Übereinstimmung mit der von der Detmolder Kasse geübten Praxis und den von Mentzel sowie von der Mülheimer Stadtverwaltung gemachten Vorschlägen liefse sich im Gegensatz zu dem Usus, der bei den beiden Postsparkassen herrscht, die Forderung aufstellen, dafs die Einlagen vom Tage der Einzahlung an verzinst werden und dafs die erhobenen Beträge vom Tage der Abhebung an aufser Zins treten. Bezüglich der Höhe des Zinsfufses kann man zweierlei vorschlagen. Entweder es wird ein niedrigerer als der sonst übliche gegeben, oder es wird der einheitlicheren Verwaltung wegen zwar der gewöhnliche Zinsfufs gegeben, aber bei Berechnung der Summe das sogenannte englische Verfahren angewendet. Über das erste Verfahren ist zu bemerken, dafs schon mit Rücksicht auf die Bevorzugung der Checkkontoinhaber vor den übrigen Sparkassenkunden dadurch, dafs ihre Einlagen relativ länger verzinst werden, der ihnen gewährte Zinsfufs niedriger als der sonst übliche gehalten werden sollte. Denn während die Checkeinlagen vom Tage der Einlage bis zu dem der Abhebung verzinst werden, fängt für die gewöhnlichen Sparguthaben die Verzinzung später an und hört früher auf, als die Einlagen gemacht, beziehungsweise zurückgezogen werden.[1])

Hinsichtlich der zweiten Methode ist zu bemerken, dafs das englische Verfahren bei der Zinsberechnung darin besteht, dafs die Zinsen nur von dem jedesmaligen niedrigsten Saldo im Monat berechnet werden. Um das an einem Beispiel zu zeigen, nehmen wir an, dafs A bei der Sparkasse am 7. März 500 Mk. einlegt. Wird dieser Bestand im Laufe des März nicht verändert, so werden vom 7. bis 31., also für 24 Tage die Zinsen für diese 500 Mk. gut geschrieben. A legt nun am 4. April wiederum 500 Mk. und am 20. April 200 Mk. auf sein Checkkonto ein, so dafs sein ganzes Guthaben Ende April 1200 Mk. beträgt. Nun erhält er aber nicht für diese Verstärkung seines ursprünglichen Guthabens für die entsprechenden Tage auch die Zinsen, sondern es wird so gerechnet: am 1. April betrug das Guthaben 500 Mk., dieses war der niedrigste Saldo in diesem Monat und von diesem Betrag bezieht A die Zinsen. Dieses Verfahren kann manchmal Härten mit sich bringen, aber es wird schwerlich gelingen, ein anderes nicht zu kompliziertes und dabei der Sparkasse nicht zu nachteiliges System zu finden.

---

[1]) Bei der Heidelberger Sparkasse fängt z. B. die Verzinsung erst am 1. Tage desjenigen Monats an, welcher der Einzahlung folgt und hört auf am letzten Tage desjenigen Monats, welcher der Rückzahlung vorhergeht.

Um ein Unterschreiten der ersten Einlage zu vermeiden, wäre es vielleicht zu empfehlen, dafs nach dem Lippeschen Vorbilde bei Unterschreitung derselben für den betreffenden Monat keine Verzinsung eintritt. Nach dem ganzen Zweck der Einrichtung sollen auch nicht die Kassengeschäfte sehr grofser Unternehmungen durch die Sparkasse geführt werden, deshalb empfiehlt es sich, dafs von allen Mehrbeträgen, die über ein gewisses Maximum hinaus einbezahlt werden, überhaupt keine Verzinsung eintritt. Behufs Verrechnung der Einlagen und Rückzahlungen soll jedem Checkkunden bei Eröffnung seines Kontos ein Kontobuch übergeben werden. So oft der Einleger es dann verlangt, hat die Sparkassenverwaltung alle die bisher erfolgten Einlagen und Rückzahlungen in das Kontobuch einzutragen, so dafs dasselbe eine vollständige Übersicht über das Konto bietet. Es kann aber auch, wie es z. B. für Mülheim vorgeschlagen war, bei der Kontoeröffnung ein zweites Kontobuch ausgefertigt werden, welches vorläufig bei der Sparkasse zur Kontrolle verbleibt. Bei einer weiteren Einzahlung von seiten des Kontoinhabers wird ihm dasselbe ausgehändigt und dagegen das im Besitz des Einlegers verbliebene Buch zur Kontrolle zurückbehalten. Durch die Einführung von zwei Kontobüchern, welche im wechselseitigen Umlauf zwischen der Sparkasse und dem Einleger bleiben, dürfte eine wesentliche Erleichterung im Geschäftsgang herbeigeführt werden. Der Kontoinhaber soll auch berechtigt sein, mündlich jederzeit zu den gewöhnlichen Kassenstunden Auskunft über die Höhe seines Guthabens zu verlangen. Am Ende eines gröfseren Zeitabschnittes, eines halben Jahres, wie es in Detmold, oder eines ganzen Jahres, wie es bei den Postsparkassen und den beiden Banken Usus ist und wie es für Mülheim vorgeschlagen war, sollen die Konten abgeschlossen und die Zinsen dem Kapital zugeschrieben werden. Innerhalb der dem Abschlufs folgenden 14 Tage soll den Einlegern Mitteilung über die Höhe ihrer Guthaben behufs Bestätigung des Richtigbefundes gemacht werden, falls sich diese nicht schon vorher zu diesem Zweck persönlich an die Kasse gewandt haben.

Es kann noch bemerkt werden, dafs eine möglichste Ausdehnung der Kassastunden da empfehlenswert ist, wo man dem neu eingeführten Checkverkehr einen starken Aufschwung sichern will.

V.
Anlage der aus dem Checkverkehr den Sparkassen zufliefsenden Kapitalien.

Wenden wir uns nunmehr zu der Frage, wie die innere Organisation des Checkverkehrs erfolgt, so ist zunächst einiges über diejenigen Mafsregeln zu bemerken, welche die Sparkasse zum Schutz gegen Benachteiligung im Verkehr mit Checks zu befolgen hat.[1])

Bei Präsentation eines Checks mufs die Sparkasse auf die Person achten, welche ihn einreicht. Dann mufs die Unterschrift des Checkausstellers mit seinem im Archiv der Sparkasse befindlichen Namenszug verglichen werden. Das betreffende Konto wird aufgeschlagen, die darauf verzeichnete letzte Checknummer mit der Nummer auf dem vorliegenden Abschnitt verglichen und dann nachgesehen, ob die Ziehung gedeckt ist. Nun wird der Check auf etwaige Formfehler geprüft, und sind solche nicht gefunden, dem Aussteller sofort auf seinem Konto zur Last geschrieben. Die sofortige Belastung ist mit Rücksicht auf den Umstand notwendig, dafs im Laufe des Geschäftstages mehrere Checks desselben Kontoinhabers zur Präsentation gelangen können und das Guthaben mit jedem übernommenen Check sich verringert. Der ausbezahlte oder durch Umschreibung beglichene Check wird mit dem Worte „Bezahlt" in grofsen Lettern (quer über den Text) abgestempelt und im Archiv der Sparkasse den bereits eingelösten Checks desselben Kontoinhabers angereiht, sobald er in allen einschlägigen Büchern des Instituts durchgeführt erscheint.

Inkorrekte Checks werden in der Sparkasse mit dem Worte „Annulliert" abgestempelt und dann dem Präsentanten

---

[1]) Im Anschlufs an die von Berger a. a. O. p. 110 u. f. zusammengestellten Grundsätze.

vorläufig zurückgegeben, damit er sich mit dem Checkaussteller ins Einvernehmen setzt.

Checks, welche sich als Überziehungen herausstellen, werden wie inkorrekte behandelt. Zugleich muſs aber wegen der Überziehung im Sinne des Reglements sofort das Nötige veranlaſst werden, wenn nicht ein offenbarer Irrtum vermutet und sonach von den sonst üblichen strengen Maſsregeln abgesehen werden darf.

Hat man sich für die Einführung des Sparkassen-Checkverkehrs entschieden, so muſs man sich auch die Frage vorlegen, wie die auf Checkkonto eingezahlten Summen zu verwenden sind. Soll eine bisher bei den Sparkassen übliche, und beziehungsweise welche, oder soll eine neue Anlageform für sie gewählt werden? Was die bisher üblichen Verwendungen der Sparkassengelder betrifft, so kann das Hypothekengeschäft für die im Checkverkehr eingehenden Summen als Anlage nicht in Betracht kommen. Dieselbe ist zu schwer realisierbar; selbst wenn ein verhältnismäſsig kurzer Kündigungstermin wie der von einem halben Jahr gewählt wird, so ist dies gewissermaſsen eine Fiktion. Denn findet der Schuldner mittlerweile nicht anderswo Kredit zur Zurückzahlung des Darlehns, so entstehen auch für die Sparkassen Verlegenheiten. Eine andere, ebenso wichtige Anlage der Sparkassengelder findet in Effekten statt.[1]) Da nur solche Wertpapiere gekauft werden, welche einen regelmäſsigen Börsenkurs haben, so ist diese Anlage allerdings leicht realisierbar. Jedoch ist zu bedenken, daſs ein plötzlicher Verkauf unter Umständen einen Kapitalsverlust zur Folge haben kann. Denn die Wertpapiere sind keine kündbaren Darlehen, sondern solche, aus denen der Schuldner immer Schuldner bleibt, und

---

[1]) Wie Pröbst im statistischen Jahrbuch deutscher Städte, Breslau 1870 p. 145 mitteilt, ist in Berlin, Breslau, München, Dresden, Leipzig, Köln, Königsberg i. Pr., Bremen („Sparkassen"), Düsseldorf (sowohl städtische Sparkasse als Sammelkasse), Nürnberg, Magdeburg, Straſsburg, Aachen, Halle (sowohl städtische Sparkasse als Sparkasse des Saal-Kreises), Posen, Kassel, Görlitz (d. h. die Oberlausitzer Provinzialsparkasse), Würzburg, Frankturt a. O. und Potsdam die Anlage in Wertpapieren beträchtlicher als in Hypotheken und zwar ist das Verhältnis für das Rechnungsjahr 1888, nach Millionen Mark berechnet, folgendes:

durch Verkauf nur die Person des Gläubigers wechseln kann. Allerdings besteht ja ein wesentlicher Unterschied innerhalb der Wertpapiere; die besonders sicheren haben auch den weiteren Vorzug, dafs sie im allgemeinen geringeren Wertschwankungen unterworfen sind. Wir haben an die ganze Kategorie von Werten zu denken, welche nach dem Reichsbankgesetz den Zettelbanken zum Erwerb gestattet sind. Es sind dies zinstragende oder spätestens nach einem Jahre fällige, auf den Inhaber lautende Schuldverschreibungen des Reichs, eines deutschen Bundesstaates oder inländischer kommunaler Körperschaften, dann zinstragende, auf den Inhaber lautende Schuldverschreibungen, deren Zinsen vom Reiche oder einem deutschen Staat garantiert sind, ferner volleinbezahlte Stamm- und Stammprioritäts-Aktien sowie Prioritäts-Obligationen deutscher Eisenbahnen, deren Bahnen im Betrieb befindlich sind, endlich die Pfandbriefe landschaftlicher, kommunaler oder anderer unter staatlicher Aufsicht stehender Bodenkreditinstitute Deutschlands und deutscher Hypothekenbanken auf Aktien. Auch sind diese Wertpapiere bei politischen und wirtschaftlichen Krisen bisher erfahrungsmäfsig den geringsten Kursschwankungen ausgesetzt gewesen und können daher sowohl durch Verkauf als durch Verpfändung leicht

	Hyp. Wtpap.		Hyp. Wtpap.
Berlin	23,3 : 78.7	Strafsburg	— : 0,2
Breslau	4,6 : 23,3	Aachen	13,4 : 52.3
München	3,3 : 9,7	Halle a. S.	5,7 : 8,5
Dresden	17,7 : 23,5	do.	1,8 : 6,3
Leipzig	17,3 : 18,5	Posen	0,7 : 3,7
Köln	8,3 : 9,5	Kassel	0,9 : 2,4
Bremen	24,0 : 26,8	Görlitz	0.7 : 19,3
Düsseldorf	6,3 : 16,2	Lübeck	1,6 : 2.3
do.	— : 0,1	Würzburg	0,5 : 1,6
Nürnberg	1,8 : 2,2	Frankfurt a. O.	1,6 : 7,7
Magdeburg	17,7 : 28,2	Potsdam	1,3 : 3,0

Geringere Unterschiede dieser Art finden sich in Königsberg i. Pr., Augsburg und Erfurt.

Dagegen sind die Anlagen in Wertpapieren beträchtlich geringer als jene in Hypotheken: in Hamburg (Hamburger Sparkasse von 1827 und neue Sparkasse) 8 : 43 und 12 : 16, Frankfurt a. M. 12 : 21, Stuttgart 0.2 : 2,4, Chemnitz 6 : 15, Altona 0,6 : 1,3, Mainz 2 : 15, Karlsruhe 1,6 : 5,9, Erfurt $2^1/_2$: 6, Görlitz (städt. Sparkasse) $^1/_2$: $3^1/_3$, Lübeck (Spar- und Leihkasse) 2 : $3^1/_2$ und Kiel $1^1/_2$: 20.

flüssig gemacht werden. Besonders ist zu bemerken, dafs die Sparkasse nötigenfalls diese Papiere bei den Notenbanken beleihen lassen kann, da diese nach dem Reichsbankgesetz Art. 13 3b das Recht haben, solche Papiere zu lombardieren.

Wenn auch die Mülheimer Stadtverwaltung an die genannten Wertpapiere als Anlage für den gröfseren Teil der im Checkverkehr erhaltenen Gelder gedacht haben mag, so würden wir diese Anlage doch nicht empfehlen; höchstens für den Teil der Einlagen der Checkkunden, die nicht ohne Aufgabe der ganzen Verbindung zurückgezogen werden dürfen, könnte sie zulässig sein. Es ist bei Staatspapieren nämlich zu erwägen, dafs eine Lombardierung derselben regelmäfsig mehr Zinsen kosten würde als die Papiere der Anstalt einbringen. Im Durchschnitt des Jahres 1890 war nach dem Bericht der Reichsbank der Lombardzinsfufs derselben 5,517 %, während durchweg die Papiere, welche für die Anlage der Sparkasse bezüglich der auf Checkkonto eingezahlten Summen sich als die geeigneten ergeben würden, nur $3\frac{1}{2}-3\frac{3}{4}$ % eingebracht haben dürften.

Bei Sparkassen kommt es auch vor, dafs sie kommunalen Körperschaften oder Privaten Summen zur Verfügung stellen, die von ihnen nach ihrer Bequemlichkeit ganz oder teilweise zurückbezahlt werden. Wenn bei solchen Summen auch ein Höchsttermin für Eingang der fälligen Gelder festgesetzt ist, so sind diese Anlagen doch nicht geeignet, um als Deckung für die durch Checks abzunehmenden Forderungen zu dienen.

Auch die Lombardierung von Effekten ist nicht zu empfehlen. Zwar würde der Kursverlust wegfallen, aber die Realisierung ist hier ebenfalls sehr schwierig. Man kann bei einem Darlehn auf Lombard nicht mit Bestimmtheit darauf rechnen, dafs man es jederzeit zurückbezahlt erhält. Eine Veräufserung des Pfandes, um sich daraus bezahlt zu machen, würde einerseits sehr odiös sein, und anderseits auch einige Zeit in Anspruch nehmen.

Wenn wir also alle diese Anlagen ausschliefsen, so bleiben zwei übrig, welche für die auf Checkkonto erhaltenen Gelder sich eignen, soweit diese nicht in bar vorrätig gehalten werden. Das eine ist die Anlage in Wechseln. Bei ihrem Ankauf würde es sich ermöglichen lassen, dafs sie betreffs ihrer Verfallzeit so gewählt werden, wie es die mutmafslichen Bedürfnisse des Checkverkehrs bedingen. Die Wechsel werden allmählich erworben, werden deshalb allmählich auch wieder fällig, selbst wenn ihre Verfallzeit vom Tage der Erwerbung gerechnet eine gleich lange ist. Abgesehen davon erwirbt ein Kapitalist, also auch eine Bank oder eine Sparkasse häufig die Wechsel, nachdem schon ein Teil der Zeit, nach deren Ablauf sie fällig, vorübergegangen ist. Aus dem Zusammenwirken dieser Umstände ergiebt sich, dafs bei den Kreditinstituten, selbst wenn sie berechtigt sind, bis auf drei Monate hin den wechselmäfsigen Kredit zu geben, trotzdem ein starker Bruchteil ihrer Wechselbestände in viel kürzerer Frist fällig wird. So entnehmen wir dem Bericht der Reichsbank, dafs von den am 31. 12. 1890 in ihrem Bestand befindlichen Wechseln, welche einen Wert hatten von über 609 Millionen Mark, binnen 9—15 Tagen 219, 16—30 Tagen 115, 31—60 Tagen 167, 61—90 Tagen 109 Millionen fällig wurden. Also war mehr als ein Drittel innerhalb der nächsten zwei Wochen fällig, weit mehr als die Hälfte innerhalb eines Monats. An solchen Wechseln kann natürlich kein nennenswerter Verlust erlitten werden, selbst wenn man sie mit einem höheren Zinssatz weiter diskontieren müfste. Deshalb sind Wechsel eine so gute und leicht greifbare Anlage. Dafs dieser Verkehr leicht in den Rahmen einer Sparkasse eingefügt werden kann, dafür fehlt es nicht an Beispielen. So haben eine ganze Reihe preufsischer Sparkassen den Weg des Diskontgeschäftes seit einer Reihe von Jahren mit Glück betreten. Ende März 1889 hatten z. B. die in den Regierungsbezirken Gumbinnen, Posen, Danzig, Bromberg, Aurich und Aachen gelegenen Sparkassen je 13,54, 12,64, 10,66, 10,16, 9,77, 9,06 % ihrer zinsbar angelegten Kapitalien in Wechseln untergebracht.[1]) Da aber nicht alle in diesen Bezirken gelegenen Kassen das Diskontogeschäft pflegen, so ist für diejenigen Sparanstalten, die daran beteiligt sind, der Prozentsatz, den dasselbe von ihren Gesamtanlagen ausmacht, noch um ein Beträchtliches gröfser, als mit diesen Zahlen ausgedrückt erscheint.

---

[1]) Evert a. a. O. p. 17.

Eine andere Anlage wäre die Pflege des Kontokorrents mit gröfseren Bankinstituten, die ihres Kredites wegen gezwungen sind, die einmal eingegangene Verpflichtung, jederzeit Rückzahlungen zu leisten, auch pünktlich zu erfüllen. Natürlich werden diese Institute, die ihrerseits mit den erhaltenen Summen grofsen Teils Wechselanlagen machen, nur einen geringen Zinsfufs für solche in Kontokorrent erhaltenen Beträge bewilligen, und so wird es auch nur ein kleiner Teil der aus dem Checkverkehr zufliefsenden Kapitalien sein, den die Sparkasse im Kontokorrent grofsen Bankinstituten überläfst. Bei der Raschheit der Verbindungen und der Ausbildung der Verkehrsmittel, die wir heute geniefsen, würde es nicht notwendig sein, dafs das Institut an demselben Ort mit der Sparkasse gelegen ist. Es bedarf dazu keines besonderen Centralinstitutes, wie man das vorgeschlagen hat. Eine Reihe von Banken mit grofsen Reserven und von unzweifelhafter Sicherheit kann demselben Zwecke dienen. Nur wenn man voraussetzt, dafs die kleineren Sparkassen keine richtige Wahl in dieser Beziehung zu treffen wissen, und wenn der Checkverkehr gröfsere Ausdehnung gewonnen hat, könnte es der Staat begünstigen, dafs ein eigenes Centralinstitut für diesen Zweck geschaffen wird.[1])

Wir schliefsen hiermit die Betrachtungen über einen Gegenstand, welcher uns einer eingehenden Bearbeitung wert erschien. Denn wenn die Sparkassen neben ihrer gewohnten Thätigkeit auch Geldzahlungsgeschäfte und die Geldverwaltung übernehmen, so dürfte sich der Nutzen, den sie bisher schon gewährt haben, sicherlich noch steigern. Damit würden sie natürlich auch ihren eigenen Bestand mehr sichern, der ja von mancher Seite bedroht wird, z. B. von Vorschufsvereinen und vor allem, sobald die Post sich mit dem Sparkassen-

---

[1]) Neuerdings ist für die westfälischen Sparkassen die Möglichkeit geschaffen worden, mit einem solchen Centralinstitut in Verbindung zu treten. Die nach Beschlufs des westfälischen Provinzial-Landtages vom 20. 3. 1890 in eine Landesbank umgewandelte bisherige Provinzial-Hülfskasse verfolgt unter anderem auch den Zweck, mit den Sparkassen aktives wie passives Kontokorrent zu pflegen und den Mittelpunkt zu bilden für den Geldverkehr derselben untereinander. Depositen werden von ihr verzinst auf 3 Monate mit 3 %, auf 4 Wochen mit $2^3/_4$ %, auf täglich mit $2^1/_2$ %. cf. Heyden, „Sparkasse" No. 2 von 1891.

wesen zu beschäftigen anfängt, von dieser. Also läge die Reform nicht blofs im Interesse des Publikums, sondern die dauernde Blüte der Sparkassen erscheint dadurch bedingt. Freilich soll nicht behauptet werden, dafs die ganz Besitzlosen grofsen Vorteil durch die hier vorgeschlagene Einrichtung haben würden, andererseits hätten auch die sehr reichen Leute davon keine Unterstützung zu erwarten, und sie haben eine solche auch nicht notwendig. Aber eine breite Schichte des Mittelstandes, der Handwerker, der kleine Kaufmann, der Landwirt, der kleinere Beamte, der mäfsig begüterte Rentier können auf diese Weise in mancher Beziehung wirtschaftliche Förderung erfahren, und es sind das jedenfalls Bevölkerungsklassen, deren Unterstützung und Erhaltung für einen glücklichen Fortbestand unserer gesellschaftlichen Verhältnisse von gröfster Bedeutung ist.

Anlage I.

Mülheim a. d. Ruhr, den 17. November 1884.

An
die Königl. Reg., Abteilung des Innern
zu
Düsseldorf.

Einführung eines Checkverkehrs bei der hiesigen Sparkasse.

Der Königl. Reg. beehre ich mich in der Anlage beglaubigte Abschrift eines Stadtverordnetenbeschlusses und den Entwurf zu einem Nachtrage zum Statute der hiesigen Sparkasse in duplo mit folgendem Berichte ehrerbietigst zu übersenden.

Wie Kgl. Reg. aus den Anlagen hochgeneigtest ersehen wolle, beabsichtigt die Verwaltung der hiesigen Sparkasse bei letzterer einen Checkverkehr einzuführen und hat das Stadtverordneten-Kollegium diesem Vorhaben seine Genehmigung erteilt. Ich verhehle mir nicht, dafs die Sparkasse sich damit auf ein ganz neues Feld der Thätigkeit begiebt, und dafs es nicht an Bedenken fehlen wird, die sich dagegen erheben werden, aber ebenso glaube ich auch, dafs das Verfahren nichts den eigentlichen Zwecken der Sparkassen Fernliegendes enthält.

Die Sparkassen sollen dem Publikum dienen und den Sparsinn desselben befördern helfen.

Dafs die Einführung eines Checkverkehrs eine grofse Annehmlichkeit für das Publikum und zwar gerade für das unbemitteltere Publikum ist, dürfte nicht bestritten werden können.

Der Handwerker, der am Anfange des Jahres durch Eingehen der Beträge seiner verschiedenen Rechnungen, der kleinere Beamte, der am Quartalsersten eine verhältnismäfsig gröfsere Summe auf einmal in die Hand bekommen und damit einen gewissen Zeitraum haushalten müssen, sie werden in der Regel nicht sehr sichere Verwahrungsorte für ihr Geld haben. Für dieselben wird es daher eine grofse Annehmlichkeit sein, wenn sie ihr Geld an einen sicheren Ort bringen und dennoch zu jeder Zeit über dasselbe verfügen können. Dafs dabei das Geld auch noch Zinsen einbringt, dürfte für die Förderung des Sparsinns von nicht zu unterschätzender Bedeutung sein. Auch möchte ich glauben, dafs wenn jemand genötigt ist, über sein Vermögen Buch zu führen, wie sich dies beim Checkverkehr von selbst ergeben wird, er dann haushälterischer und vernünftiger wirtschaften wird, als wenn er kein Buch führt. Irgend eine Gefahr für die Sparkasse vermag ich in der Einführung des Checkverkehrs nicht zu erblicken. Wenn dieselbe auch von dem auf die Einlage folgenden Tage an $2^{1}/_{2}$ % Zinsen vergüten mufs, so wird sie doch immerhin in der Lage sein, die eingegangenen Gelder spätestens im Laufe eines Monats zu $4-4^{1}/_{2}$ % unterzubringen, so dafs ein Zinsverlust wohl nie zu befürchten sein wird. Für die Auszahlungen gehen bei ihr täglich so viele Gelder ein, dafs auch hier Verlegenheiten nicht leicht entstehen werden; aufserdem wird die Sparkasse jederzeit in der Lage sein, durch Deponierung von Effekten bei der Reichsbank Geld zu erhalten.

Alle diese Umstände lassen mich glauben, dafs es wohl der Mühe verlohnen dürfte, mit der Einführung des Checkverkehrs bei der Sparkasse wenigstens einmal einen Versuch zu machen, und gestatte ich mir deswegen Kgl. Reg. ehrerbietigst zu bitten, die Genehmigung des anliegenden Nachtrages zum Statute der hiesigen Sparkasse bei dem Herrn Oberpräsidenten hochgeneigtest befürworten zu wollen.

Der Bürgermeister
gez. von Bock.

An
die Königl. Reg., Abteilung des Innern
zu
Düsseldorf.

Mülheim a. d. Ruhr, den 24. April 1885.

Einführung des Checkverkehrs bei der hiesigen Sparkasse betreffend.

Unterm 17. 11. v. J. No. 5022 I beehrte ich mich, Königl. Reg. einen Nachtrag zu dem hiesigen Sparkassenstatute die Einführung eines Checkverkehrs betr. mit der Bitte um Erwirkung der Genehmigung des Herrn Oberpräsidenten zu diesem Statutnachtrag ehrerbietigst zu übersenden. Inzwischen sind bei der Sparkassenverwaltung Bedenken darüber aufgetaucht, dafs die Sparkasse leicht für kurze Zeit mit grofsen Beträgen überschwemmt werden könnte, für welche sie Zinsen zahlen müfste, ohne für die kurze Zeit die Bestände selbst zinsbar anlegen zu können, wenn ihr nach den Statuten nicht das Recht zustände, höhere Einlagen im Checkverkehr abzuweisen. Aus diesem Grunde haben die Sparkassen-Verwaltung und das Stadtverordneten-Kollegium geglaubt, dem betreffenden Statutnachtrage den aus den Anlagen ersichtlichen Zusatz geben zu müssen.

Kgl. Reg. bitte ich gehorsamst, die Anlage höheren Orts hochgeneigtest befürworten und vorlegen zu wollen und gestatte mir hierbei noch ebenmäfsig anzuführen, dafs mir aus einer Anfrage des Herrn Oberpräsidenten der Provinz Westfalen an den Vorstand des Deutschen Sparkassenverbandes bekannt geworden ist, dafs die Einführung eines Checkverkehrs auch von Sparkassen der gedachten Provinz ins Auge gefafst ist.

Der Bürgermeister
gez. von Bock.

Anlage II.
Statut-Abänderung.

Um dem Publikum Gelegenheit zu geben, sein Geld gegen Vergütung von Zinsen deponieren und je nach Bedarf wieder darüber verfügen zu können, wird hiermit bei der hiesigen Sparkasse ein Checkverkehr unter folgenden Bedingungen eröffnet:

Die Einlagen, welche mindestens 50 Mark betragen und speziell als Einlagen behufs Eröffnung eines Checkverkehrs bezeichnet sein müssen, werden von dem auf die Einzahlung folgenden Tage bis auf weiteres mit $2^1/_2 \%$ verzinst und der Zinsenbetrag am Jahresschlusse dem Konto gutgeschrieben. Die Erhöhung oder Ermäfsigung des Zinsfufses kann von der Sparkassenverwaltung mit Genehmigung der Stadtverordneten-Versammlung beschlossen werden und tritt für die bereits bestehenden Einlagen eine beschlossene Herabsetzung erst 3 Monate nach vorheriger öffentlicher Bekanntmachung (§ 25 des Statuts) in Kraft. Jeder, welcher behufs Eröffnung eines Checkverkehrs Geld in die Sparkasse einlegt, erhält ein Heft mit einer gewissen Anzahl fortlaufend numerierter Checkblanketts, sowie ein auf seinen Namen lautendes Kontobuch; aufserdem wird noch ein zweites Kontobuch auf seinen Namen ausgefertigt, welches vorläufig bei der Sparkasse zur Kontrolle verbleibt. Bei einer weiteren Einlage wird letzteres, nachdem die Einlage eingetragen, dem Einleger ausgehändigt und dagegen das andere, bisher im Besitz des Einlegers verbliebene Buch zur Kontrolle für die Sparkassenverwaltung zurückgehalten. Die Kontobücher bleiben somit im wechselseitigen Umlauf zwischen der Sparkasse und dem Einleger.

Einzahlungen werden von dem Sparkassen-Rendanten in die Kontobücher eingetragen und gelten solche Eintragungen als Quittung. Eintragungen von Auszahlungen bleiben dem Checkinhaber überlassen. Rückzahlungen erfolgen in der Regel sofort, jedoch behält sich die Sparkasse das Recht vor, bei Rückforderungen von 3000—6000 Mk. eine dreitägige und von mehr als 6000 Mk. eine achttägige Kündigung verlangen zu dürfen.

Verfügt der Checkinhaber über mehr als sein Guthaben beträgt, so lehnt die Sparkasse nicht blofs die Zahlung ab, sondern behält sich auch vor, den Verkehr mit ihm sofort abzubrechen.

Bei Eröffnung des Kontos deponiert der Einleger unter Annahme dieser Bedingungen seine und seiner etwaigen Bevollmächtigten Unterschrift. Erlischt eine erteilte Vollmacht, so ist dies der Sparkasse sofort anzuzeigen.

Die Sparkasse behält sich zwar das Recht vor, verpflichtet sich aber nicht, die Legitimation des Checkinhabers für Empfangsnahme des Geldbetrages zu prüfen.

Zu Gelderhebungen dürfen nur die von der Sparkasse ausgegebenen Checkblanketts verwendet werden und müssen dieselben von dem Kontoinhaber oder seinem der Sparkasse bezeichneten Bevollmächtigten unterschrieben sein.

Der Kontoinhaber ist verpflichtet, die Blanketts sorgfältig aufzubewahren und trägt derselbe alle Folgen und Nachteile, welche aus dem Abhandenkommen derselben etwa entstehen, wenn er die Sparkasse nicht sofort schriftlich unter Angabe der laufenden Nummern der abhanden gekommenen Checkblanketts benachrichtigt. Ebenso trifft den Kontoinhaber aller Schaden, der durch Mifsbrauch oder Fälschung von Checks entstehen sollte. Falsch beschriebene oder annullierte Checkblanketts sind der Sparkasse zurückzuliefern.

Dem Einleger erwachsen bei Ein- und Auszahlung seiner Gelder keinerlei Kosten, nur müssen für jedes zur Verausgabung kommende Check- oder Kontobuch die durch Beschlufs der Sparkassenverwaltung näher festzustellenden Herstellungskosten gezahlt werden.

Mülheim a. d. Ruhr, den 29. Oktober 1884.

Im April 1885 wurde beschlossen, vorstehende Checkbedingungen wie folgt abzuändern:

hinter
„die Einlagen müssen mindestens 50 Mk. betragen, werden von dem auf die Einzahlung folgenden Tage ab mit $2^1/_2$ % p. a. verzinst und der Zinsenbetrag am Jahresschluſs dem Konto gutgeschrieben"
zu setzen:
die Annahme von 1500 Mk. übersteigenden Einlagen ist dem pflichtgemäſsen, den Zweck und das Interesse der Sparkasse berücksichtigenden Ermessen der Verwaltung bezw. des bevollmächtigten Rendanten überlassen.

Anlage III.

Nummer } 84
Číslo

Erlag-Schein — List složní

über eine Einlage von } { fl. } { fr.
o vkladě   { zl. } { kr.

geleistet durch }
jejž učinil

auf das Check-Conto Nr.
na chekové konto čís

815.654

des k. k. Postsparcassen-Amtes.
c. k. spořitelního úřadu poštovského.

{ am } 188.......
{ dne }

Von der Partei auszufüllen.
Vyplněno buď stranoupenízeukládající.

Poststempel:
Pečeť poštovského
úřadu:

Dieser Erlag-Schein ist vom Postbeamten abzu-
trennen und mit der Tagesrechnung an das k. k. Post-
sparcassen-Amt einzusenden.
Úředník poštovský nechť odstřihne tento list složní
a zašle jej s denním účtem c. k. spořitelnímu úřadu
poštovskému.

Nummer } 84
Číslo

Empfang-Schein — Stvrzenka

über eine Einlage von } { fl. } { fr., b. i.
o vkladě   { zl. } { kr., t. j.

815.654

auf das Check-Conto Nr. }
na chekové konto čís.   }

des k. k. Postsparcassen-Amtes.
c. k. spořitelního úřadu poštovského.

Conto-Inhaber: — Majitel konta:

JAN PÍCHA, JIČÍN

Unterschrift des Postbeamten:
Podpis úředníka poštovského:

(Poststempel.)

Wenden!

Raum zu schriftlichen Mittheilungen an den Conto-Inhaber gegen Aufklebung einer 2 Kr.-Briefmarke.

Vita.

Ich Berthold Michael bin am 21. December 1862 in Berlin geboren als Sohn des Malers und Professors an der dortigen Königl. akademischen Hochschule für bildende Künste Max Michael. Während der Jahre 1868—71 lebte ich in der elterlichen Familie teils in Rom, teils in Neapel, wo mein Vater sich zu künstlerischen Zwecken aufhielt und genofs dort den ersten Unterricht. Nach der Rückkehr in die Heimat wurde ich im Jahre 1872 in das Königl. Wilhelms-Gymnasium in Berlin aufgenommen und besuchte dieses bis zum Jahre 1881. Vom Herbst 1882 an hörte ich an der Universität Leipzig Vorlesungen über Kunst und Litteraturgeschichte bei den Professoren Springer und Hildebrandt und bezog im Oktober 1884 die Universität Genf, wo ich 2 Semester kulturgeschichtlichen Studien oblag. Nachdem ich vom Oktober 1885—1886 als Einjährig-Freiwilliger gedient, nahm ich im Herbst 1886 meine Studien wieder auf, indem ich staatswissenschaftliche Vorlesungen zunächst an der Universität Berlin bei den Professoren Wagner und Schmoller und seit Oktober 1889 in Heidelberg bei den Professoren Geheimrat Knies, Leser und Meyer hörte und an deren Seminarübungen teilnahm.

Insbesondre fühle ich mich für mannigfache Förderung und Anregung den Herren Geheimrat Wagner in Berlin und Geheimrat Knies und Professor Leser in Heidelberg zu aufrichtigstem Dank verpflichtet.